시굴 그래피에서
왕용을 찾다

20-NEN TSUZUKU NINKI CAFÉZUKURI NO HON by Naoyuki Takai
Copyright ©2017 Naoyuki Takai
All rights reserved.

Original Japanese edition published by PRESIDENT Inc.
This Korean edition is published by arrangement with PRESIDENT Inc.,
Tokyo in care of Tuttle-Mori Agency, Inc., Tokyo through AMO Agency, Seoul

이 책의 한국어판 저작권은 AMO에이전시를 통해 저작권자와 독점 계약한 길벗에 있습니다.
저작권법에 의해 한국 내에서 보호를 받는 저작물이므로 무단전재와 무단복제를 금합니다.

시골 카페에서
경영을 찾다

다카이 나오유키 지음
나지윤 옮김

길벗

시골 카페에서 경영을 찾다

SAZA COFFEE STORY

초판 1쇄 발행 · 2018년 10월 19일
초판 7쇄 발행 · 2023년 5월 26일

지은이 · 다카이 나오유키
옮긴이 · 나지윤
발행인 · 이종원
발행처 · (주)도서출판 길벗
출판사 등록일 · 1990년 12월 24일
주소 · 서울시 마포구 월드컵로 10길 56(서교동)
대표 전화 · 02)332-0931 | **팩스** · 02)323-0586
홈페이지 · www.gilbut.co.kr | **이메일** · gilbut@gilbut.co.kr

책임 편집 · 이재인(jlee@gilbut.co.kr) | **디자인** · 배진웅
마케팅 · 정경원, 김진영, 최명주, 김도현 | **제작** · 이준호, 손일순, 이진혁, 김우식
영업관리 · 김명자, 심선숙, 정경화 | **독자지원** · 윤정아, 최희창

교정교열 · 이정임 | **전산편집** · 김정미
CTP 출력 및 인쇄 · 예림인쇄 | **제본** · 예림바인딩

- 잘못된 책은 구입한 서점에서 바꿔 드립니다.
- 이 책에 실린 모든 내용, 디자인, 이미지, 편집 구성의 저작권은 (주) 도서출판 길벗과 지은이에게 있습니다.
  허락 없이 복제하거나 다른 매체에 옮겨 실을 수 없습니다.

ISBN 979-11-6050-574-0 13320
(길벗도서번호 070380)

정가 15,000원

독자의 1초를 아껴주는 정성 '길벗출판사'

(주)도서출판 길벗 | IT교육서, IT단행본, 경제경영서, 어학&실용서, 인문교양서, 자녀교육서 www.gilbut.co.kr
길벗스쿨 | 국어학습, 수학학습, 어린이교양, 주니어 어학학습, 학습단행본 www.gilbutschool.co.kr

들어가면서

50년 장수하는 카페의 특별한

경영 비법

나만의 카페를 운영한다는 것은 수많은 직장인의 오랜 로망이다. 이는 내가 30년간 현장에서 일하는 사람들을 취재하며 피부로 느낀 사실이다. 충성심이 있고 회사가 도산하지 않으면 정년이 보장되던 시절은 지났다. 평생직장의 개념이 사라지면서 창업을 꿈꾸는 직장인이 갈수록 늘어나는 추세다.

비단 월급을 받는 회사원에 국한된 얘기가 아니다. 평균수명 100세 시대, 줄어드는 연금과 불안한 노후로 인해 인생 2모작, 3모작을 준비하는 이들이 많다.

그러나 유감스럽게도 개업을 하고 3년 이상 가는 카페는 절반을 밑돈다. 카페 시장을 다산다사(多産多死) 사업이라고 일컫는 이유도 여기에 있다. 2011년부터 2015년까지 일본에서 실시한 자영업 조사에 따르면, 요식업과 숙박업의 폐업률은 18.9%로 모든 업종의 평균 폐업률 10.2%와 비교해 두 배에 가까운 수치를 보였다.

여기 다산다사의 카페 업계에서 50년 넘게 살아남은 개인 카페가 있다. 바로 일본의 작은 시골 마을 이바라키현에서 시작한 사자 커피(SAZA COFFEE)다.

커피 애호가 사이에서 명성이 자자한 사자 커피를 이 책에서 소개하는 이유는 다음의 다섯 가지다.

---

① 1969년에 개업해 2018년 기준으로 창업 49년을 맞이했다.

② 지방 소도시인 이바라키현 히타치나카시에 본점이 있다.

③ 가격대가 높은 편이지만 늘 손님으로 붐빈다.

④ 개인 카페로서 대형 프랜차이즈를 제치고 이바라키를 대표하는 커피 브랜드가 되었다.

⑤ 쇼와 시대 다방에서 시작해 매출 13억 엔의 기업으로 성장했다.

사자 커피의 성공 노하우는 오너의 철학과 개성으로 이뤄낸 기업의 성공사례가 궁금한 이들에게 유용한 정보를 제공할 것이다. 물론 사자 커피가 취한 전략이 늘 맞는 것은 아니다. 여기서 소개하는 풍부한 사례에서 힌트를 얻어 자신의 비즈니스에 맞게 활용해보기 바란다.

이 책은 창업하려는 사람들만을 위해 기획된 것이 아니다. 참고로 사자 커피의 본고장인 이바라키현은 브랜드 종합연구소가 실시하는 '상업 지역 인기도 조사'에서 4년 연속 최하위를 기록한 바 있다. 결코 매력적인 입지라고 하기 힘든 지역에서 굳건히 뿌리내리고 성장을 거듭하는 사자 커피의 성공 스토리는 기획자, 마케터들에게도 아이디어를 제공할 것이다.

아울러 일반 독자들이 이 책을 펼치면 카페에 가고 싶어지도록 책의 디자인에도 각별히 신경 썼다. 외식전문잡지 크리에이터가 편집에 참여했으며 고화질 사진도 다수 곁들였다.

처음부터 순서대로 읽어도 좋고 흥미로운 부분만 읽어도 좋다. 이 책은 일관된 정답을 제시하지 않는다. 여기에 실린 내용을 바탕으로 독자 여러분이 각자에게 도움되는 경영의 답을 찾아갔으면 하는 바람이다.

다카이 나오유키

목차

○ **50년 장수하는 카페의 특별한 경영 비법** 006

1부

외면받느냐, 사랑받느냐는 한 끗 차이

① 왜 개인 카페는 3년을 버티기 어려울까? 022

② 고객은 커피가 아닌 개성을 사러 온다 027

③ 스타벅스, 지역에 맞춰 유연하게 대처하다 033

④ 고객층에 따라 공간도 달라진다 037

⑤ 100엔 커피가 인기 있는 이유는 저렴해서가 아니다 042

⑥ 커피 애호가만 모이는 카페는 성공하기 어렵다 046

⑦ 원칙을 지키면 단골은 따라온다 050

⑧ 오너의 '올인'이 가게의 승패를 좌우한다 055

⑨ 4~5개의 부가가치가 손님을 오게 만든다 061

⑩ 그들은 왜 비싸도 오는가 065

2부   사자 커피가 50년 갈 수 있었던 비밀

⑪   50년 동안 변하지 않는 가치들   **072**

⑫   도시의 명소를 넘어 문화가 되다   **077**

⑬   오너의 고집이 곧 경영 철학   **082**

⑭   사자 커피의 5가지 성공 요소   **088**

⑮   일본 최고의 커피를 만들다   **093**

⑯   생산부터 제조까지 직접 관리하는 까탈스런 회장님   **099**

⑰   대형 프랜차이즈를 이기려고 하지 말자   **105**

⑱   최고만 추구하는 이유, 고객이 아니까   **110**

⑲   사람들에게 커피향을 선물하다   **115**

⑳   가게와 함께 성장하는 직원   **119**

㉑   주말마다 설거지를 하는 회장님   **124**

3부

개성과 공간을 팔아라

㉒	비싸도 팔리는 스토리를 만들어라	**132**
㉓	커피 한 잔으로 일상을 탈출	**136**
㉔	커피는 꼭 카운터에서 내린다	**141**
㉕	불변의 진리, 소비자는 끊임없이 변한다	**146**
㉖	간판 메뉴는 가장 먼저, 잘 보여야 한다	**152**
㉗	커피를 즐기지 않는 고객도 사로잡다	**157**
㉘	빵과 디저트는 만들되 밥은 만들지 않는다	**162**

4부

먼저 사랑하자, 그러면 사랑받는다

㉙	도자기를 파는 카페라니?	**170**
㉚	지역 행사를 후원하는 착한 카페	**175**
㉛	지역의 스토리를 메뉴 개발에 활용하다	**179**
㉜	역사책에서도 아이디어를 얻는다	**184**
㉝	카페가 곧 갤러리가 된다	**189**

㉞ 문제 해결 능력은 미리미리 키워두자　193

㉟ 고인물이 되지 말자　199

특별 부록

사자 커피가 직접 답하다! 오래가는 가게의 비밀

Q1　내 가게 만의 개성은 어디서 찾나요?　206

Q2　자금이 부족해서 걱정입니다　208

Q3　고급 식기를 갖추어야 성공할 수 있나요?　210

Q4　손님에게 메뉴를 고르는 즐거움을 주고 싶어요　212

Q5　사자 커피처럼 장수하고 싶어요　214

ㅇ　마치면서　216

ㅇ　사자 커피의 역사　222

1부

외면받느냐,
사랑받느냐는

한 끗 차이

사자 커피는 프랜차이즈가 아닌 개인이 경영하는 카페로, 이바라 키현을 대표하는 랜드마크이다. 나만의 가게를 꿈꾸는 이들에게 사자 커피의 성공은 그야말로 동경의 대상! 하지만 현실은 냉혹하기 그지없다. 조사에 따르면 카페를 창업한 후 3년 이상 유지하는 가게는 전체의 절반 수준이라고 한다. 사람들에게 외면받는 비즈니스에는 어떤 이유가 있는지, 오래도록 사랑받는 비즈니스에는 어떤 요소가 있는지 1부를 읽으며 함께 알아보자

01

왜 개인 카페는
3년을 버티기

어려울까?

"예전부터 커피를 좋아했습니다. 유명한 카페들을 탐방하며 커피를 마시고, 그 맛을 비교해보곤 했죠."

"식당에서 일하면서 요리의 즐거움과 심오함에 눈을 떴어요."

회사를 그만두고 자기 사업을 시작하고 싶어서, 정년퇴직한 후에 소일거리로 가게를 열고 싶어서, 경제가 어려워 취직 대신 창업을 택하는 등 카페를 오픈하는 이유는 창업자 수만큼 각양각색이다. 그러나 카페 창업의 경우 대개 우선하는 이유가 '커피나 음식에 관심이 있어서'로 좁혀진다. 물론 '사람 만나기를 좋아해서'라는 이유도 빼놓을 수 없다.

카페는 개업도 많고 폐업도 많은 다산다사형(多産多死型) 업종이다. 전통적으로 요식업은 개업과 폐업이 비일비재한 업

종이다. 2011년부터 2015년까지 일본에서 실시한 자영업 조사에 따르면, 일본 요식업과 숙박업의 폐업률은 18.9%로 모든 업종의 평균 폐업률 10.2%보다 두 배 가까이 높은 수치를 보였다. 숙박업을 포함한 수치이지만 그래도 냉정히 현실을 직시할 필요가 있다.

여기에 업계 관계자들은 '카페의 3년 생존율은 절반'이라고 덧붙인다. 지금껏 취재한 경험으로 봤을 때 그 이유는 크게 두 가지다.

> ① 많은 사장들이 카페를 주인의 개성과 취향의 결집체로 인식한다. 주인의 철학(혹은 고집)과 소비자의 기대 사이에는 큰 괴리가 존재한다.
> ② 구체적인 수입과 지출 계획, 재무관리가 허술하다. FLR코스트에 따른 상품 구성 및 자금 조달이 원활하지 않다.

다른 이유도 있겠으나, 먼저 위의 두 가지부터 살펴보자. FLR코스트란 F(Food Cost, 원재료비), L(Labor Cost, 인건비), R(Rental Cost, 임대료)을 합친 비용을 매출액으로 나눈 비율이다. 만일 본인 소유 건물에서 창업을 한다면 R은 계산할 필요가 없다. 카페 경영의 전설이자 푸드 비즈니스 컨설턴트인 전(前) 도토루* 커피 상무 나가시마 마스히코는 "경비의 합계인 FLR코스트 수치는 70% 미만, 가능하면 65% 이하가 이상적"이라고 말했다. 나중에 다시 설명하겠지만 카페를 운영하고 있다면 코스트를 얼마나, 어떻게 낮추는가에 대한 고민은 필수다.

카페를 경영하는 일은 얼핏 여유롭고 낭만적으로 보인다. 하지만 철저한 준비 없이 자신만의 취향으로 만든 카페는 모래성처럼 순식간에 무너지기 십상이다. 처음부터 리스크 대비에 만전을 기해야 한다. 창업 세미나에 가보는 것도 방법 중 하나다. 단, 자신의 가게에 대한 청사진을 그리고, 자금계획을 세우고, 인터넷으로 정보 수집을 하는 등 사전 준비를 철저하게 한 다음에 세미나를 듣기 바란다. 비즈니스 관점에서 보자면 PDCA 사이클**을 돌리는 것과 비슷하다. 세미나에 다니고도 창업을 안 하는 사람이 의외로 많다. 그들은 그만큼 현실을 직시했다는 뜻이기도 하다.

● Doutor Coffee, 일본 최대 커피 프랜차이즈 업체
●● 계획(Plan)→실행(Do)→검증(Check)→재실행(Action)을 통해 목적을 달성하는 경영 모델

처음부터 비관적인 이야기로 흘렀는데 이 책에서 다루는 사자 커피(SAZA COFFEE)의 창업자 스즈키 요시오 회장은 카페 경영을 "대단히 재미있는 일"이라고 말했다.

그가 카페를 하게 된 동기는 '위기감'이었다. 영화관을 경영하던 아버지를 둔 까닭에 자신도 그 뒤를 이을 생각으로 영화 감독이 되었는데 영화 산업이 사양길에 접어들자 타개책으로 소위 말하는 다방 경영에 나선 것이다. 그는 "고생도 했지만 손님을 즐겁게 해주고 나도 즐겁게 보내다 보니 반세기 가까운 시간이 흘렀다."라며 지난날을 회고했다.

02

고객은
커피가 아닌

개성을 사러 온다

일본에서 매장수가 가장 많은 카페 체인점 1위는 스타벅스 커피(1,288개)다. 2위는 도토루 커피(1,120개), 3위는 고메다 커피(764개)가 기록했다.* 사자 커피 본점이 위치한 이바라키현 히타치나카시에도 최근 스타벅스와 고메다가 진출했다.

스타벅스가 미국과 캐나다를 제외한 해외 1호점을 도쿄 긴자에 낸 시기가 1996년이다. 지금은 일본 전국 47개 행정구역

* 2017년 6월 말 기준

어디서든 볼 수 있지만 처음 오픈했을 당시만 해도 그동안의 카페들과 차별화된 감각적인 인테리어, 세련된 메뉴로 단번에 화제를 모았다.

나는 스타벅스를 일본의 카페 역사를 바꾼 흑선*에 비유하곤 한다. 이유는 크게 두 가지다. ① 색다른 메뉴를 시도하고 ② 여성들을 커피 애호가로 만들었기 때문이다.

카페라테나 캐러멜 마키아토는 당시 카페에서는 맛보지 못한 독창적인 음료였다. 또 얼음을 갈아서 만든 아이스 음료인 프라푸치노는 커피 시장에 일대 반향을 일으켰다.

스타벅스는 새롭게 출시한 음료마다 뜨거운 반응을 불러 모으면서 다른 카페들도 경쟁적으로 음료 메뉴를 개발하게 만들었다. 일본의 대형 카페 체인점 경영자에 따르면, 개인차가 있으나 대다수의 남성 고객은 보수적으로 늘 먹던 커피만 주문하는 경향이 있지만 여성 고객은 호기심이 왕성해서 새로운 커피를 시도하는 데 망설임이 없다고 한다. 여성의 카페 이용

---

* 黑船, 19세기 중반 일본 해안에 상륙해 에도 막부의 쇄국 정책을 무너뜨린 미국의 검은 함대

이 많아질수록 업계가 메뉴 개발에 박차를 가하는 이유도 여기에 있다.

나고야에서 시작해 전국적으로 760개 이상의 점포를 운영하는 카페 프랜차이즈 고메다 커피는 옛날 다방이 연상되는 메뉴 구성과 고풍스러운 분위기가 특징이다. 스타벅스와 도토루가 셀프서비스인 반면 고메다는 직원이 무조건 주문을 받으러 오고 음식도 고객 테이블까지 서빙해준다. 업계 용어로 말하자면 '풀 서비스'인 셈이다. 이러한 요소는 카페에서 느긋하게 시간을 보내고 싶은 고객들의 큰 지지를 받았다.

어느 조사에 따르면 손님이 카페에 머무는 평균 시간은 도토루가 약 30분, 고메다는 약 1시간이라고 한다. 고객이 장시간 머문다는 점은 사업적 관점에서 봤을 때 분명 마이너스 요소다. 고메다는 마이너스 수익을 방지하기 위해 이른 아침부터 늦은 밤까지 영업을 하며 고객을 최대한 많이 유치하는 전략을 취하고 있다.

고메다에는 발음하기 힘든 메뉴가 거의 없다. 메뉴판을 열면 메뉴들의 명칭이 단순하다. 예컨대 커피는 블렌드 커피*, 아메리칸 커피**, 아이스커피 등 전통적으로 사용해온 친숙한 명칭을 사용한다. '드립 커피'라는 말도 찾아볼 수 없다. 음식 메뉴인 피자도 외국어가 아니라 '고메다 특제 피자'처럼 알기 쉽게 적혀 있다. 덕분에 나이든 손님도 편하게 주문한다.

고메다 본사가 위치한 나고야시는 일본에서 커피나 차를 마시는 데 돈을 많이 쓰는 도시로 1위를 다투는 곳이다. (78쪽 참조) 고메다 커피는 입맛이 까다롭고 커피 애호가인 지역 주민들 속에서 혹독한 수련을 받으며 성장했다. 아침 시간에 커피값만 지불하면 토스트와 삶은 계란을 주는 '모닝 서비스'를 제공받으며 나고야인들은 카페에서 오랜 시간을 보내곤 한다. 이런 나고야인의 기질을 반영한 고메다는 '신문·잡지 무제한 서비스'를 선보이며 전국적으로 인지도 있는 카페로 성장했고, 일본 각지에 진출했다.

고메다의 또 다른 인기 비결은 오래된 다방 느낌을 풍기는

• 여러 품종의 커피 원두를 배합해 추출한 커피

•• 약하게 로스팅한 원두로 추출한 커피. 에스프레소에 물을 넣어 마시는 아메리카노와 다르며 일본에서만 통용되는 커피 명칭

아늑하고 편안한 매장 분위기다. 취재를 하면서 실제로 고메다 특유의 정감어린 인테리어를 선호하는 고객들을 많이 만나볼 수 있었다.

03 스타벅스, 지역에 맞춰 유연하게 ─ 대처하다

　　미국 시애틀에서 시작해 지금은 전 세계로 진출한 스타벅스는 미국의 스타일을 고집하지 않는다. 오로지 '커피 맛, 커피를 마시는 방식, 커피를 즐기는 공간'을 새롭게 제안하며 소비자의 마음을 사로잡았다.

　　스타벅스는 무엇보다 커피 맛을 중시한다. 중간 업자를 통하지 않고 생산자에게 직접 고급 품종인 아라비카 생두(볶지 않은 커피콩)를 구입하고, 이를 독자적인 기술로 로스팅•해서

● Roasting, 생두에 열을 가해 볶는 작업

컵에 따랐을 때 향과 깊이감, 산미와 풍미가 잘 살도록 추출한다. 아울러 커피를 전문적으로 만드는 사람을 일컫는 '바리스타'의 존재를 부각시켜 이후 젊은 세대가 동경하는 직업 중 하나로 만들었다.

스타벅스처럼 고급화를 지향하는 카페가 인기를 끌면서 커피 수요자들의 입맛도 덩달아 높아졌다. 최상급 원두를 사용한 고품질 커피를 뜻하는 '스페셜티 커피'라는 명칭이 생긴 것도 이 무렵이었다. 스페셜티 커피에 사용되는 원두는 일본에 수입되는 커피 원두의 5% 정도에 불과하지만 스타벅스는 스페셜티 커피를 적극 도입했고, 스페셜티 전문 매장도 운영 중이다.

스타벅스는 커피를 즐기는 공간에도 각별히 공을 들인다. 매장을 오픈할 때 입지 조건과 고객층을 고려해 각기 다른 개성을 부여하는 것도 이 때문이다.

예를 들어 매장의 외관과 인테리어는 고급 주택가·서민 주거지, 도심·교외, 대도시·소도시, 도로 옆, 역세권, 건물 등 어느 곳에 위치하는가에 따라 달라진다. 전통적인 느낌의 건물이 즐비한 곳에 위치한 스타벅스 매장이 주변과 어우러지는 인테리어를 따르는 것도 이런 운영 방침이 반영된 결과다. 지역성을 고려해 상황에 유연하게 대처하는 방식은 미국의 다른 외식 프랜차이즈 업체와는 상당히 다른 특징이기도 하다.

스타벅스 디자인에는 다섯 가지 특징이 있다. ① 수제품 (Handicraft), ② 예술성(Artistic), ③ 세련됨(Sophisticated), ④ 인간미(Human), ⑤ 영속성(Enduring)이 그것이다. 매장 설계는 위의 다섯 가지 요소와 입지 조건을 반영해 진행한다. 기본 디자인은 미국 본사에서 관리하지만 일본 스타벅스 부서도 일본 수요층에 적합한 디자인을 기획하고 제안한다.

스타벅스는 고객이 직장이나 학교, 집에서는 느끼지 못할 쾌적하고 특별한 공간을 제안해왔다. 그리고 2014년에는 고급화 및 차별화 전략의 일환으로 프리미엄 브랜드 '스타벅스 리저브(Starbucks Reserve)'를 시작했고 전 세계적으로 매장을 확대하는 중이다. 고객에게 더욱 색다른 경험을 제공하고자 기획된 스타벅스 리저브는 일반 스타벅스 매장과는 차별화된 프리미엄 커피와 음료를 선보이며 의자와 가구를 비롯한 인테리어도 일반 매장보다 훨씬 고급스럽게 꾸몄다.

하지만 최근에는 스타벅스에 대한 고객 불만도 심심치 않게 들린다. 신문 및 잡지 기자들은 나에게 '스타벅스가 고객 만족도에서 도토루에 뒤진 이유'를 수차례 묻기도 했다. 여기서 말하는 고객 만족도란 일본생산성본부가 매년 실시하는 일본고객만족도지수(JCSI)를 뜻한다. 최근 스타벅스는 고객 만족도 지수 카페 부문에서 3회 연달아 도토루에게 1위 자리를 뺏겼다.

반면 브랜드에 대한 기대감과 품질 인식, 타인에게 추천할 의향 지표에서는 1위를 기록했다. 여섯 가지 항목 중 세 가지 항목이 1위였으니 스타벅스에 대한 고객의 기대치가 낮아졌다고는 말하기 힘들다. 만족도가 낮다는 건 달리 말하면 그만큼 기대치가 높다는 뜻이니 말이다. 여전히 많은 사람들이 해외여행 중에 스타벅스 매장을 발견하면 반갑고 안심이 된다고 말한다.

04

고객층에 따라
공간도
—
달라진다

일본의 3대 커피 체인 중 하나인 고메다는 스타벅스와는 또 다른 브랜드 이미지를 구축하고 있다. 스타벅스가 도회적이고 세련된 이미지를 표방한다면, 고메다는 고전적이고 소박한 이미지를 내세운다. 고객이 부담 없이 문을 열고 들어올 수 있도록 심리적 문턱을 낮추는 전략을 추구한 까닭이다.

고메다의 대표 메뉴인 '모닝 서비스'는 아침 오픈 시간부터 오전 11시까지 이루어진다. 손님이 음료를 주문하면 무료로 토스트와 삶은 달걀을 제공한다. 11시부터 폐점 시간까지는 음료를 주문할 시 콩과자가 덤으로 나온다. 가게 안에 진열된 신문과 잡지도 무료로 볼 수 있다.

이는 본래 차를 즐기며 느긋하게 시간을 보내는 나고야시 주민들의 성향을 반영한 결과다. 나고야 사람들은 카페를 집 거실이나 회사 응접실의 연장선으로 인식하는 경향이 있다. 여기에 합리적인 소비성향까지 더해져 냉난방이 완비된 공간에서 신문이나 잡지를 읽거나 업무 회의를 하면서 전기비를 절약하여, 지불한 커피값만큼 본전을 뽑는다.

고메다 매장은 아늑하고 편안한 분위기를 풍긴다. 손님이 앉는 소파는 몇 시간이고 머물고 싶을 만큼 안락하다. 벨벳 원단의 붉은색 소파는 몸집이 큰 손님도 편하게 앉을 수 있도록 52센티미터 폭으로 제작했으며 의자 다리, 등받이도 세심하게 신경 썼다.

번화가에 위치한 개인 카페의 경우 손님이 붐비면 간혹 직원이 합석을 권하는 경우도 있지만 고메다는 다르다. 손님이 여유로운 공간에서 한가하게 시간을 보내도록 배려해 '은근히 대접받는 느낌'을 준다.

현대의 소비자는 부담스러운 과잉 서비스보다 적절한 배려가 담긴 서비스를 원한다. 사람이 북적인다고 낯선 사람과 합석하는 것을 반기는 사람은 없으리라. 과하지 않으면서도 세심한 배려가 담긴 고객 응대는 고메다가 인기를 끄는 요인 중 하나다.

고메다는 분위기 못지않게 커피 맛에도 중점을 둔다. 맛의 균일성을 위해 제조 산지에서 일괄 생산된 커피를 각 매장으로 운송해 제공하고 매장 수는 적지만 한 잔씩 사이펀(142쪽 참조)으로 커피를 내리는 매장도 있다.

개인이 운영하는 카페가 거대 프랜차이즈 카페와 경쟁하려면 직접 만드는 음식, 쾌적하고 참신한 공간 등 개인 카페만이 만들 수 있는 차별성이 필요하다. 예컨대 블렌드 커피*를 소비자에게 어필하려면 다음과 같은 요소들을 따져볼 필요가 있다.

① 어떤 커피를 선택할 것인가: 상표마다 쓴맛, 신맛, 단맛 등 맛이 천차만별이다.

② 블렌딩할 커피 생두를 몇 가지 종류로 할 것인가: 일반적으로 3~4가지 종류를 선택해 섞는다.

③ 생두의 배합 비율은 어느 정도로 할 것인가

④ 어느 강도로 로스팅할 것인가: 로스팅은 강도에 따라 약배전, 중간배전, 중간강배전, 강배전으로 나뉜다. 약배전은 생두를 약하게 볶아 연하고 신맛이 강하며, 강배전은 생두를 강하게 볶아 진하고 쓴맛이 강하다.

⑤ 어떻게 추출할 것인가: 추출 방식은 넬드립, 페이퍼드립, 사이펀, 프렌치프레스 등 다양하다. 각각의 특징은 이후에 자세히 소개하겠다.

사자 커피에서 제공하는 '사자 스페셜 블렌드 커피'는 사자 커피와 계약한 커피 농장에서 생두를 공수해오는데 과테말라, 콜롬비아, 브라질, 에티오피아산 생두를 블렌딩한 것이다. 참

● 서로 다른 품종의 생두를 혼합해 만드는 새로운 맛과 향의 커피

고로 본점에서는 넬드립, 기타 매장에서는 페이퍼드립으로 커피를 추출한다.

가게를 경영한다면 우선 어떤 고객층에게 집중할지를 선택해야 한다. 심오한 맛을 추구하는 커피 애호가가 모이는 아지트로 만들고 싶은지, 아니면 지역 주민이 부담 없이 찾아와 담소를 나누는 동네 사랑방으로 만들고 싶은지에 따라 운영 방식이 달라지기 때문이다. 주요 고객층을 정했다면 그들이 집에서 경험하지 못할 맛과 공간을 어떻게 만들지를 고민해야 한다.

(05)

100엔 커피가
인기 있는 이유는

저렴해서가 아니다

편의점에서 100엔을 내고 커피를 마시는 시대가 도래했다. 커피 가격이 부담스러운 사람들의 발길이 편의점으로 향하면서 커피는 편의점 매출 상승에 기여하는 효자 상품으로 부상했다. 이에 일본의 대표 편의점 세븐일레븐은 자체 커피 브랜드 '세븐카페'를 선보이며 이러한 현상에 발 빠르게 대응했다. 세븐카페는 연간 10억 잔이 판매되며 큰 인기를 끌고 있다.

2013년에 출시된 편의점 커피는 이제 사람들의 일상에 깊이 침투했다. 출근하기 전 사무실 근처 편의점에 들러 커피를 사는 직장인들의 모습은 이제 흔한 풍경이다. 또한 편의점 커피가 유행하면서 매장 안에서 마실 수 있는 '카페형 편의점'도 속속 들어서는 중이다.

편의점 커피가 인기 있는 이유는 무엇일까? 우선 뛰어난 '가성비'를 들 수 있다. 100엔이라는 저렴한 가격에 제법 맛도 있다. 열심히 일해도 수입이 늘지 않는 장기 불황이 계속되면 소비자는 가격에 더욱 민감해진다. 직장인의 필수 아이템인 와이셔츠를 생각해보라. 예전에는 1만 엔 주고 와이셔츠를 구입했던 사람도 이제 3천 엔짜리를 세 장 사서 돌려 입기 시작했다. 의류 회사마다 가격 경쟁력이 중시되면서 어느 정도 품질이 보장된 제품을 저렴한 가격에 제공하고 있기 때문이다. 편의점 커피의 인기도 이와 같은 맥락에서 이해할 수 있다.

월요일부터 금요일까지 매주 출근길에 스타벅스 드립 커피(스몰 사이즈)를 산다고 치자. 일주일에 1,510엔(302엔×5일)이

든다. 하지만 편의점 커피(스몰 사이즈)를 사면 500엔(100엔×5일)에 그친다. 남성보다 맛과 분위기를 중시하는 여성 고객층도 특별한 날이 아니면 편의점 커피로 충분하다고 여기기 시작했다.

'빠르고 간편하다.'는 요인도 한몫한다. 편의점 커피는 고객 스스로 자동 추출기에 컵을 내려놓고 버튼을 누른다. 점원에게 커피를 건네받기까지 기다릴 필요도 없다. 일분일초가 바쁜 출근길에 주문하기 번거롭고 오래 기다려야 하는 카페보다 편의점 커피가 불티나게 팔리는 이유가 바로 이것이다.

편의점 커피의 성공은 유사 업계에도 영향을 미쳤다. 커피 품목 일부를 한정 상품으로 내걸어 100엔짜리 음료를 파는 자판기가 늘어난 것이다. 이쯤 되면 상식적으로 카페에서도 가격 파괴가 일어날 듯하지만 실상은 그렇지 않다. 편의점 커피가 커피 업계에 미친 파급력은 위협적이었으나 카페가 고전할 거라는 당초의 예상과 달리 편의점 커피와 카페는 평화롭게 공생 중이다.

'가성비'를 내세우는 편의점 커피에도 약점은 있다. 기본적으로 테이크아웃인데다 안에 먹을 공간이 있더라도 대부분이 비좁고 의자도 불편하다. 고객의 동선에서 떨어진 장소에 좌석을 설치해도 사람들 출입이 잦은 편의점은 카페의 안락함과는 거리가 있다. 실제로 카페형 편의점에 앉아서 다른 손님을 관찰해보니 '시간 죽이기' 용도로 이용하는 경우가 많았다. 약속 장소에 일찍 도착했을 때 10분 남짓한 시간을 보내기 위한 최적의 장소라는 뜻이다.

100엔 커피에 대항해 카페는 어떤 전략을 취해야 할까. 편의점이 제공하기 어려운 안락함을 추구하면서 만족스러운 맛과 색다른 체험을 제공하는 공간, 세심한 서비스 등을 종합적으로 갖추어야 한다.

06

커피 애호가만
모이는 카페는
―――
성공하기 어렵다

　　　　　　오래가는 가게들은 저마다 개성은 달
라도 시대 변화에 유연하게 대응한다는 공통점이 있다. 철학
이 분명하고 기본기가 탄탄한 카페 중에는 창업 때부터 채택
한 방식을 고수하면서 수십 년 동안 인기를 이어가는 경우도
있지만, 이는 손가락으로 꼽을 정도로 극소수에 불과하다. 대
부분은 기본 방침을 정한 뒤 오픈을 하더라도 단골손님과 긴
밀히 소통하면서 메뉴를 변경하고, 인테리어를 바꾸는 등 다
양한 변화를 시도한다. 그럼 지금부터 기존의 기본 방침을 전

환해 성공을 거둔 사례들을 소개해보겠다.

나고야시에 위치한 이 카페는 오래된 민가를 개조한 곳으로 2005년 오픈 당시에는 40가지의 메뉴를 구비한 테이크아웃 전문 카페였다(현재는 10개 메뉴로 축소). 카페 사장은 본래 건축 설계사무소 직원으로 인테리어 코디네이터 업무를 했는데 마침 기회가 되어 회사 한쪽에 아담한 카페를 열었다. 개인 가게를 운영한 경험이 전무한 상태에서 시작했기에 시행착오도 많았고 소위 말하는 '오픈발'이 끝나자 손님의 발길이 뜸해져 투자금 회수에 어려움을 겪었다.

카페가 안정적인 궤도에 들어서기 시작한 시점은 경영난을 타개하기 위한 고민을 실천에 옮긴 뒤부터다. 카페를 좋아하는 직원과 함께 '우리가 손님이라면 주문하고 싶은 메뉴'를 개발했다. 아울러 '런치 메뉴나 디저트도 있었으면 좋겠다.'는 고객의 요청도 적극 반영했다. 그러자 손님이 점점 늘어나기 시작했고 입소문도 나서 단골도 여럿 생겼다.

가게 운영에 숨통이 트인 뒤부터는 프렌치 레스토랑에서 일한 경험이 있는 셰프를 스카우트해서 메뉴 개발에 집중했다. 근처에 늘 길게 대기줄이 서는 가게가 있었는데, 주인과 직원 모두 '우리도 그 가게 못지않은 인기 있는 가게를 만들자!'라며 각오를 단단히 다졌다. 서로 머리를 맞대고 회의하며 테스트를 거듭하여 출시한 세이로무시*는 뜨거운 호평을 받으며 날개 돋친 듯 팔렸고 가게의 간판 메뉴로 등극했다. 현재 이 가게는 2호점을 내며 탄탄대로를 달리고 있다.

시대를 잠시 거슬러 올라가보자. 쇼와 시대** 때 다방을 운영하던 주인들의 대부분은 커피 맛을 철저히 추구하는 굳은 철학을 지닌 사람이었다. 사자 커피의 창업자 스즈키 회장도 그중 한 명이다. 그러나 커피 애호가만을 위한 카페는 장수하기 힘들다. 고객층이 한정되어 가게가 단골과 함께 나이를 먹어가며 고인 물처럼 정체되기 때문이다. 만약 당신이 35세에 가게를 시작했고 운영한 지 30년이 지난다면 65세가 된다. 그쯤 되면 예전에는 문턱이 닳도록 드나들던 단골들도 퇴직 후 연금 생활을 할 테고 주머니 사정이 넉넉지 않으니 발길이 뜸

● せいろ蒸し, 장어를 통째로 쪄서 만든 음식
●● 1926~1989까지 일본에서 금융 위기, 제2차 세계대전 종전, 1964년 도쿄올림픽이 일어난 시기

해질 것이다.

오너가 커피에 지나치게 집착해 자신만의 방식을 고집하고 손님에게 이를 강요했던 것도 쇼와 시대의 다방이 고전을 면치 못한 이유였다. 커피란 어디까지나 기호 식품이므로 시대가 변하면 선호하는 맛과 방식도 변하기 마련이다. '누가 뭐래도 내 방식은 이거다!'라며 변화를 외면하고 손님보다 우위에 서려는 카페는 오래가지 못한다. 변화에 적극적으로 대처하고 손님의 반응에 늘 귀를 열어두어야 장수할 수 있다.

앞서 소개했듯이 독자적인 메뉴 개발도 중요하다. 가게를 대표하는 간판 메뉴를 만들고 다양한 메뉴를 개발하면 잠재고객의 폭을 넓혀 가게 운영을 안정적으로 할 수 있다. 한 가지 덧붙이자면 쇼와 시대에는 돈가스 라멘을 파는 다방도 있었는데 아무리 변화하는 시대라지만 최소한 카페라는 정체성 유지는 필요하다. 중구난방으로 무턱대고 판을 키우기보다 특기 분야를 선정한 다음 그 범위 안에서 조금씩 가짓수를 늘려나가는 방향이 바람직하다.

07

원칙을 지키면
단골은

따라온다

장기간 안정적으로 카페를 운영하려면 단골 확보는 필수다. 그렇다고 단골 고객에게만 의존하라는 얘기는 아니다. 단골과 신규 고객 사이에서 균형을 잘 잡아야 가게가 성공적으로 운영된다. 그런 의미에서 사자 커피의 고객 서비스를 예시로 들어보겠다.

사자 커피는 개업해서 지금까지 단골이 상당히 많다. 예전에 본점에서 스즈키 회장을 취재하던 중 60대 여성 손님이 가게에 들어오자 그는 다가가서 "오랜만이에요. 건강히 잘 지내시죠?"라며 인사를 건넸다. 나중에 들으니 여고생 시절부터 JR가쓰타역앞 지점*을 자주 드나들던 단골이라고 했다.

오너 입장에서 이런 단골은 지극히 고마운 존재지만 그렇다고 단골을 특별히 우대하지는 않는다. 본점의 베테랑 직원 스나오시 리쓰키 씨는 이렇게 말했다.

"늘 오시는 손님이나 처음 오시는 손님이나 접객 원칙은 똑같습니다. 단골만 중시하고 그들만 모이는 가게라면 처음 오는 손님은 무시당했다는 느낌을 받고 불쾌해지겠지요. 사자 커피는 언제 어디서나 누구나 즐길 수 있는 카페를 지향합니다."

스나오시 씨는 28년간 근속한 직원이다. 학창 시절에 아르바이트로 인연을 맺어 그대로 사자 커피에 입사했다. 그는 "매장 수가 늘어도 사자 커피의 원칙은 변하지 않습니다."라고 덧붙였다.

● 1994년 가쓰타시와 아카미나토시가 통합되어 히타치나카시가 되었으나 가쓰타역이라는 명칭은 그대로 사용 중이다

결국 가게의 원칙을 유지하면서 새로운 고객에게 어필할 요소를 갖추는 것이 관건인 셈이다. 그중 하나가 메뉴 구성이다. 시대가 변하면 메뉴도 달라져야 하지만 수지타산만 고려해 무작정 바꾸는 방법은 능사가 아니다. 무엇을 빼고 무엇을 더할지는 신중히 접근해야 한다. 판매 자료만 보고 매상이 저조하다는 이유로 오랜 메뉴를 없애버린다면 단골들의 상실감도 그만큼 커지리라. 이는 은연중에 단골을 떠나보내는 행위와 다름없다.

창업 반세기가 넘은 나고야의 인기 카페 사례를 살펴보자. 이 가게는 창업 이후부터 줄곧 철판에 내오는 나폴리탄 스파게티가 간판 메뉴다. 그런데 1990년대에 이탈리아 요리가 유행하면서 이 메뉴는 진부하고 촌스러운 이미지로 전락해 하루에 고작 2~3그릇 밖에 나가지 않았다. 오너는 메뉴에 강한 애착을 지닌 팬들이 있었기에 판매가 저조해도 중단할 마음이 없었다고 한다. 고진감래(苦盡甘來)라고 했던가. 얼마 뒤 사회적으로 복고 열풍이 불기 시작하면서 나폴리탄 스파게티의 인기가 치솟은 것이다. 소수의 단골들만 찾던 메뉴는 이후 하루에 200그릇까지 팔리는 인기 메뉴로 화려하게 변신했다.

여기서 최근 카페 시장을 둘러싼 현상을 짚어보자. 카페 순회를 즐기는 사람이라면 단골 카페가 갑자기 문을 닫는 경험을 한 적이 있으리라. 실제로 카페 수는 최근 30년간 반 토막이 났다. 전일본커피협회가 발표한 자료에 따르면, 절정의 호황기인 1981년에는 15만 4,630개에 달했던 카페가 2014년에는 6만 9,983개로 줄어들었다.

이 수치는 무엇을 의미할까? 카페 수가 절반 이하로 줄어든 배경에는 레스토랑 및 패스트푸드점, 편의점 등 커피를 마시는 장소가 늘어난 현상이 존재한다.

세븐일레븐은 1981년에 1,306개였지만 2016년에는 무려 15배에 달하는 1만 9,422개로 폭발적으로 성장했다. 이에 세븐일레븐에서 파는 테이크아웃 커피인 세븐카페는 연간 8억 5,000만 잔(2015년 기준)이 팔렸으며 2017년에는 10억 잔을 돌파했다. 바야흐로 편의점이 카페의 고객을 빼앗는 시대가 도래한 것이다.

하지만 2015년 일본 푸드서비스협회가 조사한 바에 따르면, 일본의 커피 시장은 최근 수년간 1조 611억엔에서 1조 1,270억엔의 매출을 기록하며 여전히 꾸준한 성장세를 보이고 있다. 카페의 생존율이 낮다고 하지만 그 와중에도 잘되는 카페는 고유한 개성과 콘셉트로 고객의 마음을 사로잡고 있다는 얘기다.

08

오너의 '올인'이
가게의 승패를

좌우한다

앞에서 다룬 FLR코스트(24쪽 참고)를 다시 생각해보자. F(원재료비)는 원가율이 낮은 상품으로 일명 가게의 '돈벌이 상품'이 된다. 카페라면 원두가 이에 해당된다. 옥션에서 고가로 낙찰받은 커피를 제외하면 아무리 고급 원두를 써도 원가는 한 잔에 50엔을 밑돈다. 이것도 예전보다 조금 오른 가격이다. 따라서 카페를 안정적으로 운영하려면 무엇보다 커피, 즉 메인메뉴의 매출을 높여야 한다.

L(인건비)은 종업원을 고용할수록 커지므로 오너가 바리스타나 셰프를 겸해 가게에서 일하는 경우가 많다. 도쿄에 위치한 어느 인기 카페는 도쿄에 3호점까지 냈는데 오너가 날마다 그중 한 매장에 출근한다. 가게가 어느 정도 자리를 잡으면 발걸음이 뜸해지기 마련인데 그 오너는 "단골은 주인장을 만나기 위해서 가게를 찾는 경우가 많으므로 가급적 자리를 지킵니다."라고 말했다.

R(임대료)은 번화가 혹은 주택가, 큰 도로변 혹은 작은 도로변에 위치하는가에 따라 가격이 천차만별이다. 지방에는 자택을 개조한 가게도 많은데 이 경우 R은 '0'이 된다.

잘되는 가게일수록 현장에 충실하다. 커피에 주력하는 카페는 오너와 종업원이 커피 생산지를 자주 견학한다. 전문 서적을 읽거나 인터넷을 통해 공부할 수도 있지만 현장 교육에서 얻는 효과를 따라가진 못한다. 그 이유를 사자 커피의 스즈키 타로 부사장은 이렇게 설명한다.

"인터넷 상에는 살아 있는 정보가 없습니다. 커피를 재배하는 현장을 직접 찾아가지 않으면 그곳의 공기, 토양, 향기, 일하는 사람들의 모습을 생생히 접할 수 없어요. 오직 현장에서만 배울 수 있습니다."

비용이 부담된다면 잘되는 카페들을 방문해 관찰해보는 방법도 있다. 실제로 카페 창업을 꿈꾸는 많은 이들이 현장 학습으로 카페를 찾는다. 이때 철저히 오너 입장에서 '내 가게라면 이렇게 하겠다.'라는 목적 의식을 지녀야 한다. 친구나 지인, 업계 관계자를 만나 이야기를 듣는 일도 중요하다. 단, '누구를 만나 무엇을 배울까?'를 사전에 분명히 정해놓자.

'집중화'는 철저히 카페 운영에 '올인'하는 태도를 가리킨다. 어느 것 하나 소홀히 하지 않고 구석구석 섬세하게 카페를 가꾸다 보면 언젠가 고객이 진면목을 알아주는 날이 온다. 가게에서 사용하는 식기가 그 대표적인 예다. 식기는 카페의 매력을 드러내는 중요한 요소이므로 전문 상가에서 고급스러운 상품으로 고르자. 무리하게 고가 상품을 구매할 필요는 없으나

100엔 숍에서 다량으로 식기를 구입하는 것만은 피해야 한다. 아무리 비싸고 좋은 재료로 음식을 만들어도 싸구려 그릇에 담으면 음식도 싸구려로 전락한다. 작은 걸 아끼려다 큰 걸 잃어버리는 우를 범하지 않길 바란다.

원재료비도 균형이 필요하다. 디저트를 중시하는 카페라면 신제품을 개발해야 할 시기가 분명 온다. 이때 일정한 이익을 확보하면서 원가율의 상승과 상관없이 좋은 재료를 사용하는

가게는 고객의 호응을 받는다. 입맛이 까다로운 요즘 소비자는 아무리 미세한 차이라도 금세 눈치챈다.

언젠가 도심에 카페를 열었다가 2년 만에 폐점한 부부를 취재한 적이 있다. 원래부터 커피를 좋아해서 도회적이고 세련된 카페를 열고 싶었다고 했다. 준비 기간을 거쳐 오픈한 뒤에 남편은 카페 뒤편에서 틈틈이 디자이너 업무를 겸업했고, 카페 근무 경험이 있는 아내는 식품위생책임자 자격증을 취득해

풀타임으로 근무했다. 손님이 붐비면 아르바이트생을 고용하기도 했다.

초반에는 홍보가 부족해 하루에 손님이 열 명에 못 미치는 날도 있었지만 점점 입소문이 나면서 손님들의 발길이 이어졌다. 수십만 엔의 임대료가 적잖은 부담이 되었지만 매출이 오르면서 어떻게든 흑자 전환도 이뤘다. 그럼에도 2년 뒤에 폐점한 이유는 다음과 같다.

① 임대료 부담이 커서 흑자가 나도 남편의 본업만큼의 수익이 나오지 않았다.
② 쉬는 날도 음식 준비 작업에 매달려야 했다.
③ 카페가 안정화된 시기에 남편의 디자이너 업무량이 늘어나 겸업이 힘들어졌다.

경영은 취미가 아니다. 처음 시작한 이상 모든 걸 쏟아부어야 한다. 성공적인 경영이 되려면 주인의 '올인'이 중요한 이유다.

09 | 4~5개의 부가가치가 손님을

── 오게 만든다

　　매스컴에서 일본 카페가 지닌 특징을 물어보면 나는 '기본 성능+부가가치'라는 단어로 설명하곤 한다. 일본에는 매력적인 부가가치를 지닌 카페가 참 많다. 여기서 '부가가치'란 그 카페만이 지닌 특별함을 뜻한다.

　카페의 기본 용도는 '음식과 장소 제공'이다. 요즘은 대부분 카페에서 음료 외에 음식을 제공하는데 레스토랑이 아니므로 빵처럼 가벼운 요깃거리가 주를 이룬다. 커피 애호가를 주된 고객층으로 삼은 카페라면 싱글 오리진* 품종에 주력해 로스팅 강도를 고심하거나 에스프레소 맛의 차이를 어필할 수도 있다.

부가가치를 만들 때 음식 맛보다 장소 제공에 비중을 두는 카페도 있다. 만화 카페는 만화나 잡지를 서점처럼 다량 보유해 손님이 음료를 주문하면 무제한으로 읽을 수 있다. 자유롭게 인터넷을 사용하는 인터넷 카페, 키우는 강아지를 동반할 수 있는 애견 카페, 가게 주인이 키우는 고양이를 만져볼 수 있는 고양이 카페 등도 장소의 특성을 살린 경우에 해당한다.

부가가치를 전면에 내세워 폭넓은 고객에게 어필하려면 최소한 4~5개는 준비해야 한다. 일단 고객의 시점에서 자신의 가게를 객관적으로 바라보며 매력적인 요소를 만들자. 이때 선택과 집중이 필요하다. 강점을 선택했으면 이를 집중적으로 파고들어 그 테두리 안에서 다양한 시도를 해보는 것이다.

커피 맛을 중시하는 카페 중에는 로스팅 기계를 구입해서

---

* Single Origin, 블렌딩의 반대말로 여러 커피를 섞지 않고 단일 원산지 원두만을 사용한 커피

직접 생두를 볶는 경우도 많다. 이때 로스팅한 원두를 판매하면 매출에 큰 도움이 된다. 원두 판매는 온라인으로도 가능하니 장소나 시간에 구애받지 않고 매출을 올릴 수 있다는 장점이 있다. 더욱이 '주인이 직접 볶은 커피 원두를 구입할 수 있는 카페'라는 부가가치까지 붙으니 일석이조다.

쇼와 시대 때의 다방도 원두를 판매했지만 매상에 큰 영향을 미치지는 않았다. 대부분 음식과 원두의 판매 비율이 9:1 이하였다고 한다. 원두를 계산대 근처에 진열해둘 뿐 적극적으로 팔고자 하는 의욕이 부족했기 때문이다.

요새는 SNS를 활용한 홍보도 효과적이다. 블로그나 트위터, 페이스북에 매입한 커피 원두 사진과 정보를 업로드한 다음, '특별한 ○○원두 시음회'를 연다고 홍보한다. 그러면 '희소가치가 있는 커피 원두를 시음하고 무료로 받을 수도 있는 카페'라는 부가가치가 생긴다.

음식 메뉴는 직원들이 감당할 수 있는 범위 내에서 진행하

는 게 바람직하다. 욕심이 앞서 무작정 벌려놓으면 준비 작업
만으로 지쳐버리기 십상이다. '원하는 음식을 만들어 보려고
의욕적으로 뛰어들었지만 그 결과 주 1회 휴일에도 준비 작업
에 쫓겼다.'는 점주들의 하소연을 숱하게 들었다. 종종 개인
카페가 '20그릇 한정 런치 메뉴'를 내거는 이유는 소수 인원으
로 운영하는 카페에서 20그릇 이상은 현실적으로 어렵기 때문
이다.

안락한 장소 제공도 소비자 시점에서 검토할 필요가 있다.
미혼일 때는 카페를 즐겨 찾던 여성이 결혼이나 출산을 한 뒤
에는 아기를 데리고 갈 만한 카페가 없어 낙심하는 경우가 많
다. 만일 좌석 간격이 넓고 아기 의자가 마련된 카페라면 이들
에게 큰 호응을 받을 것이다. 이렇듯 경영자라면 어떤 부가가
치를 만들지 구체적으로 적어두고 하나씩 실천해보는 자세가
필요하다.

(10)

그들은
왜 비싸도
——
오는가

레스토랑이나 술집에 비해 카페는 객단가가 낮은 편이다. 입지 조건 및 고객층에 따라 다르지만 메뉴당 700엔~1,000엔 사이가 일반적이다. 평균보다 객단가를 올려도 손님이 오게하는 방법은 없을까?

우선 메뉴판 구성을 살펴보자. 앞서 소개한 나가시마 푸드 비즈니스 컨설턴트는 "가게의 주력 메뉴는 Z 위치에 두라."라고 제안한다. 'Z 법칙'이라고 부르는 이 방법은 인간의 시선이

Z형으로 움직인다는 심리를 이용한 것이다. 대개 사람들의 시선은 왼쪽에서 오른쪽으로 이동한다. 무언가를 읽을 때 '왼쪽 위→오른쪽 위→왼쪽 아래→오른쪽 아래' 순으로 Z형을 그리는데 이때 주력 메뉴를 메뉴판 왼쪽 윗부분에 배치하면 손님의 시선을 끌어 주문 가능성이 높아진다는 뜻이다.

이를테면 '블렌드 커피(450엔)'보다 단가가 높은 '스페셜 커피(550엔)'나 '오가닉 커피(550엔)'를 팔고 싶다면 메뉴판 왼쪽 위에 해당 메뉴를 놓는 식이다. 전통적인 메뉴 구성에 구애받지 말고 강조하고픈 메뉴를 이 원칙에 따라 배치하면 된다. 다만 손님이 혼동하지 않도록 따뜻한 메뉴와 차가운 메뉴는 따로 배치한다.

앞서 소개했듯이 원두 판매에 주력하는 방법도 좋다. 요즘은 오프라인 매장이 없어도 인터넷으로 판매가 가능한 시대이므로 원두 판매부터 시작해 자금을 모은 뒤 오프라인 가게를 여는 이들도 많아졌다.

'비싸도 맛있는 커피'를 추구하는 사자 커피는 원두를 200그램에 1,200엔부터 1,500엔 사이에 판매하는데 구매율이 상당히 높은 편이다. 원두 판매뿐 아니라 테이크아웃으로 케이크한 조각을 팔거나 티셔츠나 소품 등을 판매한다면 평균 객단가가 그만큼 올라가 매출 상승에 기여할 수 있다.

커피에 부가가치를 더하는 방식도 생각해보자. 이렇게 말하면 비싼 원두를 사용한 커피를 커피 애호가에게 제공한다고 생각하겠지만, 똑같은 커피라도 고급스럽고 특별한 컵에 제공하는 것만으로 가격대를 높일 수 있다.

음식 메뉴도 고심하기 나름이다. 예컨대 30대 오너 한 명이 꾸려가는 도쿄의 한 1인 카페는 '햄 샌드위치(650엔)', '버터 토스트(350엔)', '단팥 토스트(450엔)' 세 가지 음식만 판매한다. 한 명이 운영하는 카페이므로 가짓수를 고집하지 않고 메뉴를 간소화했다. 만일 샌드위치 재고가 남으면 페이스북에 '샌드위치가 지금 ○개 남았습니다! 곧 소진될 예정이니 서두르세요!'라고 고지하면 단골들이 사러 온다.

그리고 음료는 따뜻한 것이든 차가운 것이든 상관없이 전부 550엔(2잔째 리필은 220엔)으로 책정했다. 샌드위치 이외에는 음료와 음식을 함께 주문해도 1,000엔이 넘지 않도록 한 것이다. 이는 가성비를 중시하는 소비자 심리를 고려한 결과다.

늦은 밤까지 영업해서 객단가를 높이는 방법도 있다. 대부분의 카페는 빠르면 오후 6시, 늦으면 8시에 마감한다. 하지만 어느 카페는 칵테일의 일종인 '위스키 카페라테(700엔)'와 '커피 파이볼(700엔)'을 준비해 평일에도 오후 8시에 폐점한다.

그러나 밤 시간대를 이용해 알코올 메뉴를 판매하면 매출은 상승하지만 그만큼 전기·난방비와 인건비가 증가한다. 아울러 파스타나 안주거리 등 술에 어울리는 음식 메뉴도 필요하다.

이처럼 객단가를 올리는 방법은 다양하다. 자신에게 맞는 방법을 고민해보고 준비 사항을 꼼꼼히 확인한 뒤 실행에 옮겨보자.

2부

사자 커피가
50년 갈 수 있었던

———

비밀

이번 장에서는 사자 커피의 구체적인 경영 노하우를 알아보자. 사자 커피 본점은 인구 15만 명 정도의 작은 마을인 이바라키현 히타치나카시에 있다. 지방의 소도시인 이바라키현을 중심으로 12개의 매장을 운영 중이다. 미국과 일본을 대표하는 커피 브랜드 강자인 스타벅스와 고메다가 히타치나카시에 야심차게 진출했지만 사자 커피의 아성을 위협하기엔 역부족이었다. 사자 커피가 거대 프랜차이즈 카페를 제치고 승승장구하는 비결은 무엇일까?

11

50년 동안
변하지 않는
—
가치들

1969년, 사자 커피가 탄생한 뒤 반세기 남짓한 세월이 흘렀다. 개인이 경영하는 카페가 꾸준히 매장 수를 확대하면서 이만큼 장수할 수 있었던 비결은 무엇일까?

우선 카페를 방문하는 고객의 심리에서 그 답을 찾아볼 수 있다. 커피 애호가는 어떤 기준으로 가게를 선택할까? 물론 개인의 취향이 중요하다. 그러나 상황에 따라 선택은 바뀌기 마련이다.

이를테면 커피가 마시고 싶은데 1시부터 회의가 있다면 점심을 먹고 15분가량만 보낼 수 있는 카페를 고를 것이다. 반면 시간적 여유가 있는 휴일에는 1시간 이상 느긋하게 보낼 카페를 고를 것이다. 전자는 커피 한 잔에 200엔 정도의 무인 카페나 100엔 정도의 편의점 커피로 충분하리라. 하지만 그런 사람이라도 휴일이 되면 평일에 열심히 일한 자신을 위한 작은 사치로 커피 한 잔에 600엔이나 700엔 하는 카페를 찾기도 한다.

사자 커피는 후자에 속하는 카페다. 창업자 스즈키 요시오 회장은 사자 커피의 모토를 '기본·인연·진정성'으로 꼽는다. '기본'에 대해서는 다음과 같이 설명한다.

"좋은 음식점에는 좋은 재료, 좋은 조리 기술, 좋은 고객 서비스가 있습니다. 우리 매장도 세 가지 기본을 일관되게 추구해왔습니다."

이는 음식점에서 가장 중요한 세 가지 요소로 일컫는 'QSC

(Quality=품질, Service=서비스, Cleanliness=청결)'를 알기 쉽게 풀어쓴 것이다. 음식이 맛있고 서비스가 좋으며 매장이 깨끗하고 편안한 카페는 손님의 발길이 끊이지 않는 법이다.

두 번째 요소인 '인연'은 가게에 오는 고객만이 아니라 종업원, 거래처 사람들, 더 나아가 매장이 위치한 지역과의 인연까지 포함한 포괄적인 의미다. 잘되는 가게는 모든 인연을 소중하게 여긴다. 사자 커피가 인연을 대하는 노하우는 이후에 자세히 소개하겠다.

마지막 '진정성'은 설명할 필요도 없으리라. 오너가 단순히 취미로 운영하는 가게의 미래는 불 보듯 뻔하다. 생업을 걸고 진심을 다해 고객을 만족시키고자 노력하는 가게만이 치열한 커피 업계에서 살아남을 수 있다. 주인이 자기만족에 빠져 본인의 취향만 고집한다면 같은 취향을 지닌 손님에게는 매력적일지언정, 그 외 많은 고객들에게는 외면받기 십상이다.

소비자 입장에서 음식점에는 두 가지 타입이 있다. '또 가고 싶은 가게'와 '한 번 갔으면 충분한 가게'다. 당연히 가게 오너라면 전자인 가게를 만들고 싶을 것이다. 지역에 굳건한 뿌리를 내리고 두터운 고객층을 만들며 장수해온 사자 커피를 고객들은 또 가고 싶은 가게로 여긴다. 그 이유는 '기본·인연·진정성'에 충실했기 때문이다.

12

도시의
명소를 넘어
—
문화가 되다

일본에서는 주민들의 성향을 알 수 있는 흥미로운 지역 순위가 화제가 되곤 한다. 예를 들어 도치기현 우쓰노미야시와 시즈오카현 하마마쓰시 사이에는 '주민들의 만두 소비 금액'을 둘러싼 선두 경쟁이 유명하다. 이외에도 일본 총무성이 조사하여 발표하는 외식 분야의 지출액 결과도 흥미롭다. 그중 일본 내 주류 지출비 1위는 3만 9,969엔을 기록한 고치시로 2만 9,737엔의 도쿄시와 격차가 크다. 그 지역 주민의 각별한 알코올 사랑을 엿볼 수 있는 수치다.

그렇다면 커피를 마시는 데 지출하는 비용은 어떨까. 매회 조사에서 도쿄를 크게 웃돌며 1위 다툼을 하는 곳이 바로 나고야시 그리고 나고야시와 인접한 기후시다. 최근 조사에서는 기후시가 나고야시를 누르고 1위에 등극했다. 도쿄 23구의 상당수가 지출비 3위를 차지하고 있으며 오사카시는 카페 수에

일본 47개 지역 중 커피값 지출비 순위

2014~2016년

순위	1세대 당 연간 지출액	시	현(지역명)
1위	1만 5,018엔	기후시	기후현(도카이)
2위	9,307엔	나고야시	아이치현(도카이)
3위	9,307엔	도쿄 23구	도쿄도(수도권)
4위	8,992엔	고베시	효고현(긴키)
5위	8,599엔	오사카시	오사카부(긴키)
6위	8,588엔	요코하마시	가나가와현(수도권)
7위	7,776엔	교토시	교토부(긴키)
8위	7,705엔	나라시	나라현(긴키)
9위	7,414엔	가와사키시	가나가와현(수도권)
10위	6,996엔	사카이시	오사카부(긴키)
19위	5,638엔	미토시	이바라키현(기타간토)

출처: 총무성통계국 2014~2016년 평균 가계조사

비해 지출 금액은 상대적으로 낮았다.

사자 커피 본점이 위치한 히타치나카시는 워낙 작은 도시
라 미토시에 포함되어 나오는데 최근 조사에서 19위를 기록했
다. 이는 전국적으로 중상위 순위지만 금액은 전국 평균을 밑
돈다. 그렇다면 커피 지출이 낮은 미토시에서 사자 커피가 사

2013~2015년

순위	1세대 당 연간 지출액	시	현(지역명)
1위	1만 4,301엔	나고야시	아이치현(도카이)
2위	1만 3,894엔	기후시	기후현(도카이)
3위	8,879엔	도쿄 23구	도쿄부(수도권)
4위	8,503엔	고베시	효고현(긴키)
5위	8,059엔	가와사키시	가나가와현(수도권)
6위	8,059엔	오사카시	오사카부(긴키)
7위	7,387엔	교토시	교토부(긴키)
8위	7,367엔	요코하마시	가나가와현(수도권)
9위	7,221엔	나라시	나라현(긴키)
10위	6,453엔	사이타마시	사이타마현(수도권)
21위	4,982엔	미토시	이바라키현(기타간토)

출차: 총무성통계국 2013~2015년 평균 가계조사

랑받는 이유는 뭘까?

결론부터 말하자면 이런 결과는 사자 커피가 오랫동안 착실하게 매장을 꾸려온 성과다. 사자 커피는 창업 4년째인 1973년부터 미토시의 번화가에 지점을 내고 지역 주민과 관광객들에게 꾸준히 다가갔다. 이 매장은 직접 생두를 볶는 '자가 로스팅'을 처음 시도한 장소이기도 하다.

히타치나카시 지점과 미토시 지점은 일반적인 고객 응대에서 한발 더 나아가 지역과 연계해 생활 정보와 문화를 전달하는 역할을 톡톡히 하고 있다. 스즈키 회장의 설명이다.

"미토예술관 관내에 사자 커피 매장이 있습니다. 이곳에서는 월 1회 라테아트 및 디자인 카푸치노 강연회를 개최합니다. 또한 이바라키현 나카가와가쿠인 조리기술전문학원과 제휴해 조리제과 수업에 직원 2명을 강사로 파견하고 있지요. 올해 3월 말에는 저도 커피를 주제로 연단에 섰습니다."

라테아트나 디자인 카푸치노는 카페라테나 카푸치노를 만

든 다음 그 위에 올린 우유에 모양을 내는 기술을 말한다. 나뭇잎이나 하트, 곰, 튤립이 많은데 하트와 잎사귀를 조합한 '슬로우하트'나 큰 하트 속에 작은 하트를 새기는 '하트 인 하트'처럼 난이도 높은 디자인을 선보이기도 한다. 라테아트나 디자인 카푸치노는 커피 장인인 바리스타가 유감없이 솜씨를 발휘하는 순간이라 할 수 있다. 하지만 일시적으로 인기를 모아도 그 인기를 지속하려면 끝없는 노력이 필요한 법이다. 스즈키 회장은 이렇게 말한다.

"커피를 팔겠다는 의식이 앞서면 손님은 도망가 버립니다. 커피를 즐기자고 마음먹어야 손님이 모이지요."

13

오너의
고집이
——
곧 경영 철학

어떤 가게든 상호에는 오너의 철학이
담겨 있다. 사자 커피는 상호에 '커피'가 들어가는 만큼 철저히
커피에 공을 들인다. 반세기 가까이 가게를 이어온 스즈키 회
장은 두 가지 경험을 통해 사자 커피가 나아갈 길을 결정했다
고 한다.

"개업해서 3년째 되는 해에 자가 로스팅을 하자고 마음먹었습
니다. 계기는 월간 《다방 경영》 창간호에 실린 한 구절 때문이

었지요. 도쿄 긴자에 있는 '카페 드 랑블'의 오너인 세키구치 이치로 씨를 인터뷰한 기사에서 '커피를 직접 로스팅하지 않는 곳은 커피 전문점이 아니다.'라는 글을 읽고 정신이 번쩍 들었습니다."

세키구치 씨의 발언에 자극받은 스즈키 회장은 일본산 3킬로그램용 로스팅기를 구입해 3번째 매장인 미토점(당시에는 '사자 다방'이었다.)에 들여놓고 로스팅을 시작했다. 그러나 로스팅기에서 나오는 연기를 배출시키는 데 어려움을 겪다가 부득이하게 가쓰타정에 있는 가쓰타타카라즈카 극장으로 위치를 옮겼다. 덧붙이자면 이 극장은 1945년 제2차 세계대전 이전부터 스즈키 회장의 부친이 대표로 근무한 영화관이다. 사자 커피 본점은 극장이 철거된 자리에 세워졌다.

"자가 로스팅을 시작한 당시엔 우여곡절이 많았습니다. 일본 로스팅기의 가마 입구와 내부 사이에 온도가 달라서 생두를 볶는 강도에 차이가 생겼지요. 내부는 고온이라 강하게 볶이고 입구는 저온이라 연하게 볶이니 속이 탈 노릇이었습니다. 최적의 로스팅 시간을 찾기 위해서도 수많은 시행착오를 겪었습니다. 지금처럼 인터넷이 발달하지도 않았고 주변에 전문가도 없어서 제대로 된 로스팅 정보를 얻기가 하늘의 별 따기였지요. 맨땅에 헤딩하듯이 무작정 여러 방법을 시도하는 수밖에 없었습니다. 생두를 물로 씻어서 햇빛에 말려도 보고, 로스팅을 2, 3회 반복해보고, 고속으로 혹은 고온으로 로스팅을 해보는 등 갖가지 방법으로 데이터를 축적해나갔습니다. 무수한 실패를 거듭한 후에야 맛있는 커피를 만들기 위한 로스팅 원칙은 '천천히 그리고 정성스럽게 볶는 것'임을 깨달았지요."

다음해인 개업 4년째에 스즈키 회장은 거금을 투자해 남미로 커피 투어를 떠났다. 그곳에서 그는 히로시마현의 커피 전문점 '도오카이치사보'의 오너 멘데 키요시 씨를 만나게 된다. 멘데 씨는 그에게 커피 전문점에서 양질의 원두가 얼마나 중요한지를 깨닫게 해준 인물이었다.

"멘데 씨는 사투리로 힘주어 말씀하셨습니다. '커피 맛은 재료로 판가름 난다. 좋은 원두를 사용하면 매출은 저절로 따라오

기 마련이다.'라고요. 실제로 그분은 현지에서 당시엔 파격적인 액수인 300만엔을 들여 고급 생두를 구입했습니다. 매일 밤 숙소에서 커피에 대해 열변을 토하던 진정한 커피 애호가였지요. 남미에서의 만남이 인연이 되어 저는 그분의 카페가 있는 히로시마를 방문해 로스팅 공장도 견학했습니다."

당시 멘데 씨는 60세, 스즈키 회장은 32세였다. 아들뻘 되는 청년에게 커피의 대가는 아낌없는 응원을 보냈다. 이후 스즈키 회장은 세계 각지의 커피 생산지를 돌아보며 커피를 보는 안목을 키웠다. 외국제 로스팅기를 구입해 관련 지식과 기술을 익혔으며 매장에서 커피 내리는 법도 새롭게 정비했다. 구매한 생두는 본사 옆에 있는 지상 6미터 높이의 2층짜리 공장 맨 위층에 보관하는데 멘데 씨에게 보관법에 대한 가르침을 받았다고 한다.

"멘데 씨의 로스팅 공장은 매장에서 조금 떨어진 곳에 있었는데 철근 콘크리트 2층 건물의 맨 위층에 생두를 보관합니다. 특이한 점은 생두 포대를 눕히지 않고 위로 향하게 세운 상태로

놓아둔다는 것이지요."

신선도를 유지하려면 온도와 습도 관리는 필수다. 멘데 씨
는 고온다습한 일본 기후에 적합한 보관법을 고심하다 일본
전통적 수납 방식인 '고상식*'에서 힌트를 얻은 것이다.

● 高床式, 땅의 습기가 올라오는 것을 방지하기 위해 마루를 높게 지은 일본의 전통 건축 양식

14

사자 커피의
5가지

———

성공 요소

나만의 가게를 경영하는 이상 수익 창출은 기본이다. 하지만 돈벌이에 혈안이 된 모습만 보이면 고객은 민감하게 이를 알아차리고 등을 돌린다. 사자 커피는 맛에 주력하는 한편, 가게만의 고유한 개성을 꾸준히 어필해나갔다. 그렇게 기본에 충실하면서 부가가치까지 창출한 결과, 폭넓은 고객층의 지지를 받으며 장수하는 카페가 되었다. 사자 커피 본점만이 지닌 가치는 다섯 가지로 요약된다.

① 번화가에서는 보기 힘든 탁 트인 경치

본점은 JR가쓰타역에서 도보 7~8분 거리의 메인 도로에 위치한다. 주변은 사람들이 붐비는 번화가지만 가게 안으로 들어서면 150평에 달하는 널찍한 정원이 펼쳐진다. 정원에는 테라스석도 완비되어 있어 교외에 나온 듯한 여유를 만끽할 수 있다.

② 안락한 공간과 의자

번화가에 위치한 카페는 높은 임대료 탓에 좌석 공간이 비좁고 회전율을 높이기 위해 오래 앉기 힘든 딱딱한 의자를 배치하는 경우가 많다. 그런데 사자 커피 본점은 번화가에 위치했음에도 좌석 공간이 넓고 의자도 편안하다.

③ 다양한 사이드 메뉴

다채로운 커피 메뉴 이외에도 음료, 음식, 디저트 메뉴가 훌륭하다. 단체 손님이 와도 각자 입맛에 따라 다양한 메뉴를 즐길 수 있다.

④ 부가가치를 창출하는 상품 판매 공간

출입문을 열면 곧바로 카페로 이어지지 않고 식기류 및 잡화를 판매하는 공간이 나온다. 만석일 때는 손님이 대기하는 장소로 이용되는데 카페 이용 전후에 구경하는 재미가 쏠쏠하다.

⑤ 갤러리

본점 문을 열고 오른쪽 뒤편으로 가면 사자 커피에서 운영하는 갤러리가 나온다. 지역 작가의 작품이 전시되며 구입도 가능하다. (189쪽 참조)

①과 ②는 편안한 장소를 제공하고 ③은 다양한 입맛을 충족시킨다. ④는 매장의 객단가를 높이고 ⑤는 고객에게 문화를 체험하는 기회를 제공한다.

다섯 가지 요소는 처음부터 계획했던 게 아니다. 이는 반세기가 지나는 세월 동안 고객을 만족시킬 방법을 끝없이 고심하며 갈고닦은 결과다. 나만의 가게를 경영하고자 한다면 단

골 고객과 지속적으로 교류하며 그들이 즐길 만한 맛과 공간, 서비스를 제공하도록 노력해야 한다.

15

일본 최고의
커피를

만들다

앞서 얘기한 스즈키 회장의 말을 한 번
더 소개하겠다.

"좋은 음식점에는 좋은 재료, 좋은 조리 기술, 좋은 고객 서비스
가 있습니다."

카페의 기본은 음식과 장소 제공이다. 그런데 이것은 집에
서도 할 수 있다. 위의 요소들은 요리와 접객이 능숙한 사람이

라면 집에서 여는 파티에서도 얼마든지 실현할 수 있는 것들
이다. 그렇다면 집과 카페의 가장 큰 차이는 무엇일까? 나는
'진정성 유지'라고 생각한다.

카페를 창업하는 사람 중에는 자기 취향을 그대로 가게에
반영하는 경우가 많다. 주인의 취향이 많은 손님에게 지지를
받는다면 금상첨화겠으나 주인의 아집과 자기만족에 불과하
다면 성공과는 멀어질 것이다. 잘되는 카페는 늘 손님의 의견
을 적극적으로 반영해 가게를 변화시켜 나간다.

가게를 성공적으로 경영하고자 한다면 그 이유가 무엇인지
스스로 물어보자. 실현하고 싶은 목적을 분명히 정해야 그에
걸맞은 수단도 보이는 법이다.

사자 커피는 양보다 질을 추구한다. 매장수를 무분별하게
확대하기보다 내실을 탄탄히 다지는 것이 중요하다고 믿는다.
이러한 전략이 궁극적으로 지향하는 목적은 무엇인가. 바로
'재팬 커피'의 상징이 되는 일이다. 늘 차분한 어조로 인터뷰에

웅하던 스즈키 회장이지만 이때만큼은 열정적으로 대답했다.

"일본에는 세계 최고 수준의 질 좋은 물이 존재합니다. 국토의 70%가 산림이고 태평양과 동해에 발달한 구름은 연간 평균 1,700밀리리터의 비가 되어 일본 국토에 쏟아지지요. 일본의 강우량은 세계에서 10번째로 많아서 땅을 적시고 강이 되어 다시 태평양과 동해로 흘러갑니다.

일본의 식문화는 이 물(증류수)과 함께 발달해왔습니다. 밥과 된장국은 물론 물을 사용한 요리가 많은 것도 이 때문이지요. 질 좋은 물이 있기에 국물 있는 식문화가 자리 잡았으며 '우마미*'는 쓴맛, 단맛, 신맛, 짠맛 이외의 다섯 번째 맛으로 세계적으로 통용되고 있습니다.

카페에서 파는 커피도 일본의 좋은 물과 연관해서 생각할 필요가 있습니다. '프렌치 커피', '이탈리안 커피', '아메리칸 커피'처럼 언젠가 '재팬 커피'라는 말도 커피 시장에서 공통 용어처럼 사용될 날이 올 것입니다. 바로 그때, 사자 커피가 일본을 대표하는 커피의 상징이 되기를 바랍니다."

● 진한 다시마 국물 등에서 우러나는 감칠맛을 뜻하는 일본어

사자 커피는 이러한 목표를 품고 양질의 커피 생두를 골라
(좋은 재료) 이상적인 로스팅과 추출법을 사용해(좋은 조리 기술)
뛰어난 안목으로 고른 식기에 담아 제공하고 있다(좋은 고객 서
비스).

커피가 대중화되면서 가격대가 다양해졌다. 편의점에서 파
는 100엔 커피라고 결코 싸구려 맛도 아니다. 아침 출근길에
마시는 커피라면 편의점 커피로도 충분하다는 직장인도 늘어
났다. 그러나 편의점의 자동 커피 머신에서 내리는 커피는 일
정한 맛은 보장해도 '재팬 커피'의 상징은 되지 못한다. 스즈키
회장은 이렇게 말한다.

"사자 커피의 전 매장에서는 순수(純水)를 사용합니다. 순수란
미국 나사(NASA)가 개발한 역침투막정수기에서 불순물을 제
거한 물이지요. 본점에서는 우물물을 여과해서 사용하기도 합
니다. 사자 커피는 원두에 들이는 정성만큼 커피에 사용되는
물에도 각별히 신경을 쓰고 있습니다."

공격적인 가격 공세를 펼치는 편의점 커피와 차별화를 두기 위한 사자 커피의 전략은 3가지 기본 요소에 충실하고 이와 함께 진정성을 유지하는 것이다.

16

생산부터 제조까지
직접 관리하는
—
까탈스런 회장님

사자 커피의 진정성을 나타내는 상징적인 사례가 있다. 맛있는 커피를 끊임없이 추구한 결과, 남미 콜롬비아에 직영으로 '사자 커피 농장'을 운영하게 된 것이다. 커피 농장에서 생두를 재배하고 로스팅해서 매장에서 커피를 제공하는 일련의 과정을 직접 관리하게 된 셈이다. 유씨씨(UCC)*나 도토루처럼 대형 커피 브랜드가 자사 농장을 소유하는 일은 있어도 지방의 개인 카페에서는 지극히 드문 일이다. 왜 커피 농장을 갖게 되었는지 묻자 스즈키 회장은 이렇게 답

• 1933년에 창립된 커피 업체로 1969년에는 세계 최초로 캔커피를 발명했다.

했다.

"그동안 세계적으로 유명한 커피 생산지를 방문하고 여러 커피 농장을 방문했습니다. 그러다 보니 커피 전문점을 운영하는 사람으로서 커피 생두를 직접 생산하고픈 의욕이 생기더군요. 제가 생각하는 이상적인 커피 품종은 '티피카(Typica)'와 '버번(Bourbon)'입니다. 서늘한 그늘을 제공하는 나무인 쉐이드 트리(Shade Tree) 아래서 커피나무를 키운 뒤 때가 되면 완숙한 커피 열매(커피 체리)를 수확합니다. 그리고 깨끗한 물로 씻어 과육을 제거한 다음 파치먼트* 단계에서 햇빛에 잘 건조시키면 최상의 생두를 얻을 수 있지요."

이 조건을 충족시키는 농장을 찾아다닌 결과, 스즈키 회장은 안데스 산맥 고산지에 위치한 콜롬비아 포파얀 지구의 농장을 발견했다. 불안한 치안 상태가 염려되긴 했으나 1998년부터 농장 경영을 시작해서 이제 20년이 넘었다.

초반에는 갖가지 난관에 봉착했다. 양질의 토양과 품종을

• Parchment, 커피 씨앗의 껍질이 있는 상태로 쌀로 비유하면 현미와 비슷함

최우선으로 여겼기에 농약 사용을 최대한 줄여서 재배했더니 병충해에 취약해 3번의 농사에서 단 하나의 생두도 수확하지 못했다. 그럼에도 스즈키 회장은 뚝심 있게 밀고 나갔다. 최고의 생두를 재배하기 위해 친환경 재배를 지속한 결과 점차 성과를 보이기 시작해 2016년에는 양질의 생두를 다량으로 수확할 수 있었다.

자사 농장 외에도 사자 커피는 과테말라의 안티구아, 엘살바도르의 고르다, 북수마트라의 만델링, 콜롬비아의 글로리어스 커피 농장에서 질 좋은 생두를 구입하고 있다. 현재 사자 커피에서 생두 구매 업무를 총괄하는 인물은 스즈키 회장의 아들인 스즈키 타로 부사장이다. 도쿄농업대학을 졸업한 뒤 과테말라 안티구아에 위치한 스페인어학교와 콜롬비아 국립 커피생산자연합회의 미각 코스인 알마 카페를 수료한 그는 스페인어가 유창해서 외국인 지인이 많다.

사자 커피의 생두 재배법은 생산성이나 효율성과는 거리가 멀다. 그러나 스즈키 부자는 조급해하지 않는다. '최고의 커피

를 만들겠다.'라는 확고부동한 신념이 있었기에 차근차근 기반
을 다져 나갔다. 이에 대해 타로 부사장은 열정적으로 말했다.

"사자 커피가 기존의 커피 농장을 인수하면서 저는 그곳의 책
임자로 파견되었습니다. 국민 정서나 직원 의식이 일본과 무척
달라서 초반에는 애로 사항이 많았지요. 기존 품종을 전부 고
급 품종인 티피카와 버번으로 교체하기까지 7년이 걸렸고 최
적의 재배법을 찾기까지 시행착오도 숱하게 겪었습니다. 다행

히 저의 커피 스승님이자 전(前) 콜롬비아커피 생산자연합회 (FNC) 품질관리부장이셨던 에드카 모레노 박사님의 지도와 모든 직원들의 각고의 노력 덕분에 농장 운영은 점차 안정적인 궤도에 올라섰습니다."

사자 커피는 이렇게 장시간에 걸쳐 농장을 관리해 좋은 토양을 만들고 농약 사용을 줄이는 재배로 성공을 거두었다. 1998년에 농장을 경영하기 시작했지만 2006년까지는 생두 한 톨도 일본에 보내지 못했다. 어느 정도 수확이 가능해진 것은 2015년부터였다. 그나마 그 시기 일본의 카페 업계가 호황기였기에 콜롬비아 농장의 적자 경영을 감당할 수 있었다. 양질의 생두를 얻기 위한 오랜 인내와 각고의 노력이 결실을 맺어 2017년 8월, 사자농장은 FNC가 주최하고 콜롬비아 카우카우주에서 열린 커피 품평회에서 32개 커피 농장을 제치고 처음으로 우승의 영광을 안았다.

개인 카페를 경영하는 사람에게 해외 농장은 비현실적인 얘기처럼 들릴지도 모른다. 그러나 아무리 작은 카페라도 원대한 목표를 내걸고 미래를 내다보며 차근차근 실천해나가는 자세가 필요하다. 사자 커피도 1969년, 7평 15석의 허름한 가게에서 시작했음을 잊지 말자.

17

대형 프랜차이즈를
이기려고
—
하지 말자

막대한 자본을 등에 업은 프랜차이즈 기업이 특정 시장에 진출할 때 그 시장에 있는 관련 중소기업 및 상점은 생존 자체가 위태로울 수 있다. 이런 경우는 허다하게 발생한다. 이는 카페만의 문제가 아니다. 전국 각지에 존재하는 재래시장이 대기업이 운영하는 대형 마트로 인해 직격탄을 맞는 사례가 대표적이다.

재래시장 속 생선 가게나 야채 가게에서 장을 보는 소비자는 큰 폭으로 줄었다. 원스톱으로 쇼핑이 가능한 편의성을 갖

춘 대형마트 체인점이 골목 상권을 위협하고 있는 상황이 현
실이다.

그렇다면 소상공인이 대기업에 대항할 수단은 없는 걸까?
스즈키 부자는 사자 커피가 거대 프랜차이즈 카페의 거센 도전
을 물리치고 성공가도를 달리는 이유를 다음과 같이 설명했다.

① 철저한 3현주의 원칙

타로 부사장은 사자 커피가 내세우는 3현주의에 대해 이렇게 설명했다.

"커피 전문점은 커피 맛으로 고객을 설득해야 합니다. 사자 커피는 커피 재배부터 추출까지 전 과정을 직접 합니다. 직원들도 수시로 현지에 나가 견학을 하고 돌아옵니다. 대기업의 경우 농장 경영이나 커피 추출, 매장 관리마다 각 담당 부서가 나뉘어 있지만 우리는 한 명의 사원이 생산지를 방문하고, 카페에서 커피를 내리고, 손님에게 제공하는 일련의 과정을 모두 경험한다는 차이가 있지요."

이러한 현장주의는 비즈니스 업계에서 강조하는 '3현주의 (현장·현물·현실)'와 일맥상통한다. 농장과 카페라는 현장(現場), 커피 열매와 로스팅이라는 현물(現物), 때로는 기후 및 무역 트러블 등의 현실(現實)과 부딪히며 문제를 해결해나가는 경험을 통해 직원들은 커피 전문가로 거듭나고 가게의 든든한 지원군으로 성장한다.

② 지역의 커피 전도사

스즈키 회장은 지역과 가게의 융합을 무척 중요하게 생각
했다.

"이바라키현 주민센터나 교육 기관에서 '커피 교실을 여는 데
강사를 파견해 달라.'는 요청을 수없이 받습니다. 우리는 시간
이 허락하는 한 흔쾌히 응하는데 월 3회, 연 40회 정도 강의를
합니다. 참가자들은 우리 이야기보다도 케이크나 커피를 저렴
한 가격으로 맛볼 수 있음에 더 솔깃해하는 것 같지만요. 지역
에 커피 문화를 전파하고 커피를 좋아하는 주민들이 많아진다
면 그것보다 큰 보람은 없을 것입니다. 그러고 보니 이바라키
현 NHK문화센터와 조요은행 문화 교실에서 열리는 커피 강좌
를 맡은 지도 벌써 30년 가까이 되었군요."

③ 고객에게 딱 맞는 커피

스즈키 회장은 차 문화를 즐겨온 일본의 작은 마을 사람들
에게 커피를 소개하기가 쉽지 않았다고 했다. 하지만 포기하
지 않고 일본인들이 좋아할 커피가 무엇인지 고민했다.

"오랫동안 세계 각지를 돌아다니며 수많은 커피를 맛봤습니다. 그 과정에서 일본인에게 맞는 커피를 만들겠다는 목표 의식이 강해졌죠. 일본에는 2,000년 남짓 내려오는 차 문화가 있습니다. 이들은 찻잎 엑기스를 따뜻한 물에 우려내 그 맛을 음미합니다. 아무것도 추가하지 않아요. 요새는 커피도 우유나 설탕을 넣지 않고 커피 본연의 맛을 즐기는 사람이 많아졌습니다. 사자 커피는 마신 다음 뒷맛이 좋고 쓴맛과 신맛이 균형을 이루는 커피를 추구합니다."

나는 취재를 하면서 흥미로운 식도락 이야기를 숱하게 듣는다. 예컨대 어느 가공식품 브랜드 제조부장은 일본이 '날 음식 문화'를 갖고 있어서 스모그 햄을 제조할 때 서양과는 굽는 방식이 다르다고 했다. 육상 전문가인 어느 국립대학교수는 햄버거나 감자칩처럼 건식 요리가 대세인 미국과 비교하면 일본은 밥이나 된장국, 라면, 우동처럼 물을 사용하는 습식 요리가 많아 일본인 몸에는 수분 저장고가 따로 있다고 했다. 이런 얘기를 종합해보면 일본인에게 맞는 커피를 만들겠다는 스즈키 회장의 이야기에 어느 정도 공감한다.

18

최고만
추구하는 이유,

고객이 아니까

몇 년 전부터 전 세계 커피업자들 사이에서 사자 커피의 정체를 궁금해하는 목소리가 높아졌다. 매년 최고급 커피를 최고가에 낙찰받으니 그럴 만도 하다.

2017년 '베스트 오브 파나마*'에서 사자 커피는 '파나마 게이샤'라는 커피 생두를 1파운드(약 454그램) 당 601달러(약 6만 7,300엔)라는 사상 최고액으로 낙찰받았다.

베스트 오브 파나마는 '컵 오브 엑셀런스(Cup of Excellence,

● Best of Panama, 파나마에서 열리는 세계적인 커피 국제 품평 대회

110

중남미 커피 올림픽)'와 더불어 커피 관계자 사이에서 최고의 권위를 자랑하는 품평 대회이다. 매년 이 대회에 참가한다는 타로 부사장의 설명을 들어보자.

"커피의 품질을 무엇보다 중시하는 우리 회사 입장에서는 좋은 생두를 얻기 위해서라면 돈을 아끼지 않습니다. 고가로 낙찰되면 그만큼 사자 커피의 브랜드 위상을 높이는 홍보 효과도 톡톡히 누릴 수 있으니까요.

2017년에 낙찰받은 최고가 생두는 현지에서 일본까지 운반하는 비용과 로스팅 과정을 감안하면 100그램에 최저 4만엔 수준입니다. 가게에서 커피 한 잔에 5,000엔을 받지 않으면 이윤이 남지 않지요. 하지만 2016년 1파운드 당 275달러(약 3만 800엔)에 낙찰받은 게이샤 커피는 매장에서 한 잔에 3,000엔에 제공했습니다."

덧붙이자면 일본 고도 성장기 이후 한동안 '블루 마운틴'이 최고의 커피로 명성을 떨쳤다(당시 커피 업계 관계자들 사이에서 이 커피의 과도한 신봉을 조롱하는 이들도 많았다). 그러나 오랫동

2017년 베스트 오브 파나마에서 사자 커피가 낙찰받은 커피

상품번호	최고액 (달러)	단위 (파운드)	가격(달러) ※엔화로 환산	품종 · 농장명	낙찰자
BOP–GN –01	601.0	1	6만 100달러 (약 673만엔)	Esmeralda Geisha Canas Verdes Natural	KEWSpecialty Coffee Ltd, Sydney Coffee Business Pty Ltd, Saza Coffee
BOP–GW –01	254.8	1	2만 5,480달러 (약 285만엔)	Sophia	Saza Coffee& Aroma Coffee
BOP–GN –14	165.0	1	1만 6,500달러 (약 185만엔)	La Mula	Saza Coffee& Aroma Coffee
BOP–TN –01	47.2	0.5	9,440달러 (약 106만엔)	SEllias SweetNatural	Saza Coffee& Aroma Coffee

※ 낙찰 당일(2017년 7월 18~19일) 환율(평균: 1달러=112엔)로 계산했으며 금액은 100파운드 기준

안 커피의 왕으로 군림한 블루 마운틴을 뛰어넘는 신흥 강자로 등장한 파나마 게이샤는 현재 가장 비싼 최고급 커피의 대명사다. 타로 부사장은 이렇게 말한다.

"게이샤는 커피의 품종명입니다. 에티오피아의 게이샤라는 마을과 기후, 해발고도 등 지역적 환경이 흡사한 중미 파나마에서 생산되기에 파나마 게이샤라고 부르지요. 많은 분들이 오해

하시는데 일본의 게이샤와는 아무 관계가 없습니다."

진한 꽃향기와 과일 향이 일품인 게이샤 품종을 처음 발굴한 곳은 파나마의 에스메랄다 농장이다. 2004년 이 농장에서 재배한 게이샤 커피는 베스트 오브 파나마에 혜성처럼 등장해 우승을 거머쥔 뒤 갖가지 커피 품평회 및 옥션에서 매년 사상 최고액을 갱신 중이다. 사자 커피의 타로 부사장은 2005년부터 에스메랄다 농장에서 재배되는 커피 열매에 주목해왔다.

"원래 커피 열매는 과일의 일종입니다. 품종에 따라 맛과 향이 다르지요. 에스메랄다 농장에서 재배하는 게이샤는 재스민 꽃 같은 향기가 나기도 하고 오렌지 같은 풍미도 느껴집니다. 농장은 해발고도가 높은 고산지대에 자리 잡고 있는데 그늘을 만드는 쉐이드 트리 밑에서 커피 열매를 키웁니다. 우리가 이상적으로 여기는 최상의 재배 조건과 딱 들어맞지요. 사자 커피는 자연환경과 탁월한 커피 풍미에 매료되어 일찍부터 에스메랄다 농장과 친밀한 관계를 유지해왔습니다."

사자 커피가 옥션에서 최고가 커피를 낙찰받아 브랜드 인지도를 올린 것과 같은 화제성은 카페가 고객을 끌어 모으는 필수 조건이다. 유명 카페일수록 관계자가 현지를 방문해 고급 생두를 구입하는 경우가 많다. 인터넷이 발달하면서 개인 카페도 저렴한 가격으로 가게를 홍보할 수 있게 되었다. 커피 생산지를 방문한 오너나 직원들 모습, 구입한 생두 사진을 홈페이지나 SNS에 올려보면 어떨까? 가게를 홍보할 좋은 수단이 될 수 있다.

19

사람들에게
커피향을
—
선물하다

아무리 잘나가는 유명 카페도 처음에
는 모두 무명 카페였다. 마찬가지로 아무리 본고장에서 잘나
가는 카페도 타지역에 진출하면 밑바닥부터 다시 시작한다.
사자 커피가 2005년 10월 1일, 도쿄의 대형 터미널역인 JR시
나가와역과 연결된 에큐토 시나가와 쇼핑몰에 진출할 당시도
마찬가지였다. 당시 도쿄 출점을 진두지휘했던 타로 부사장은
이렇게 회고한다.

"커피 맛에는 자신이 있었습니다. 하지만 지방의 소도시를 기반으로 한 카페를 도쿄 사람들에게 어필하려면 어떻게 해야 좋을지 몰랐지요. 고심 끝에 조그만 종이컵에 커피를 담아 매장 앞을 지나가는 사람들에게 나눠주었습니다. 오픈 시작부터 마감 때까지 종일 커피를 내리고 아내와 종업원들과 함께 길을 지나가는 사람들에게 건넸지요. 개점하고 이틀간 3,000잔은 돌렸을 겁니다."

다양한 카페 오너들을 취재하다 보면 가게를 홍보하기 위해 직접 발로 뛰는 영업을 하는 경우가 제법 많다. 지바현의 인구 10만 명 남짓한 도시에 위치한 유명 카페는 20년 전 창업했을 당시 근처 주택가를 일일이 돌았다고 한다. 그 경영자는 다음과 같이 말했다.

"날마다 100군데 이상 되는 집을 돌아다녔습니다. 처음에는 전단지에 직접 로스팅한 원두를 채운 작은 봉투를 붙여서 나눠주었지요. 혹시 몰라 봉투에 '삼키지 말아주세요.'라는 문구도 넣었습니다. 밤에는 우편함에 넣어두었고요. 아침에 일어나 조간

신문을 가져갈 때 커피 향을 맡을 수 있도록 말이지요. 휴점일에는 직접 집을 방문해 커피 원두를 전달하며 가게를 홍보했습니다. 개업 후 2년 가까이 이 같은 활동을 지속했지요."

가정을 방문해 홍보하는 방식은 예상 외로 효과적이었다. 직접 만나 50그램의 커피 원두를 건넸더니 며칠 뒤 그중 한 명이 가게로 전화를 걸어 원두를 주문한 것이다.

시음할 수 있는 원두나 커피를 길거리 손님에게 배부하는 방법은 고전적이지만 여전히 유효하다. 대표적인 사례가 전국적인 판매망을 갖춘 커피점 '칼디 커피팜(KALDI Coffee Farm)'이다. 지금은 종합 식료품 이미지가 강하지만 본래는 커피 원두를 도매로 판매하는 로스팅 업체였다.

칼디는 매장 앞에서 커피를 담은 작은 종이컵을 사람들에게 건넨다. 칼디는 이를 '커피 서비스'라 부르는데 품종은 주로 '마일드 칼디'로 우유와 설탕 양도 정해져 있다. 마일드 칼디는 누구나 좋아할 무난한 맛으로 칼디가 제공하는 30종류의 오리

지널 브랜드 중 스테디셀러에 속한다. 계절마다 커피 브랜드를 바꾸어 여름에는 쓴맛이 돋보이는 '이탈리안 로스트'로 내린 아이스커피를 제공한다.

다시 사자 커피 이야기로 되돌아오자. 개점 당시 시음 커피로 손님의 관심을 끈 에큐토 시나가와점은 이후 충성도 높은 단골을 다수 확보한 카페로 성장했다. 2017년 7월 20일에는 경쟁이 치열한 역 안으로 매장을 옮기고 규모도 2배 넓혀 새로 오픈하기도 했다.

20

가게와 함께
성장하는

——

직원

가게가 문을 닫는 이유는 무척 다양하다. 그중에서도 장수해온 가게가 폐업하는 주된 이유로 '후계자 부재'가 꼽힌다. 운영이 안정화된 뒤에 폐업하는 가게도 있는데 이 경우는 '성실한 종업원의 퇴사 혹은 독립'을 이유로 들수 있다. 지인과 동업했다가 철학이나 방식의 차이로 문을 닫기도 한다.

예전에는 장기간 근무한 베테랑 직원이 오너에게 능력을

인정받아 다른 지역에 분점을 내는 사례가 많았다. 하지만 인 터넷으로 여러 정보를 얻을 수 있는 요즘은 예전처럼 장기간 경험을 쌓고 독립하는 경우는 찾기 힘들다. 2~3년 근무하다 퇴사한 뒤 자기 카페를 차리는 일도 빈번하다.

이러한 현실을 감안하면 사자 커피의 높은 직원 정착률은 이례적이다. 반세기 동안 전통을 이어오면서 스즈키 회장 이 외에 창업 때부터 근무하는 직원도 두 명이나 있다. 본점에서 근무하는 직원은 그 이유에 대해 다음과 같이 답한다.

"다른 카페에 비해 월급이 많은 편은 아닙니다. 하지만 무엇보 다 일할 때 마음이 즐겁고 편안하다는 이유가 큽니다. 회사도 새로운 시도와 지원을 아끼지 않고 여유를 가지고 직원을 대합 니다. 세세하게 간섭하는 일도 없고요. 카페는 어디까지나 서 비스업이므로 직원들의 복장이나 몸가짐에 주의를 기울이긴 하지만 깐깐하게 지적하는 분위기는 아닙니다."

사자 커피의 매장사업부장이자 본점총괄점장으로 근무하

는 스나오시 리쓰키 씨는 이바라키 대학에 다니던 시절부터 사자 커피에서 아르바이트를 시작해 1989년 졸업 후 바로 입사했다. 도쿄에 상경해 큰 회사를 다니기보다 고향의 소박한 카페에서 일하는 게 더 좋았다고 한다.

또 다른 회사 중역인 고이즈미 준이치 씨는 스페셜티 커피에 대한 조예가 깊고 경영자의 신뢰가 두터워 바리스타를 총괄하는 역할을 맡고 있다. 젊은 시절 유학의 꿈이 좌절되고 원하는 회사에 취직하지 못해 낙담하다가 사자 커피에 입사해 오늘날의 탄탄한 입지를 구축했다. 그는 바리스타가 여러 대회에서 활약하고 유명세를 타기 시작한 2012년부터 직원들 사이에 의욕이 충만해져 퇴사 비율도 큰 폭으로 줄었다고 말한다.

진정한 커피 장인을 꿈꾸는 사자 커피 직원들에게 해외 연수는 강한 동기부여가 된다. 직원들만 견학을 다녀오는 사례도 늘었다. 스즈키 회장은 직원 연수에 대해 이렇게 말한다.

"직원이 사자 커피가 운영하는 콜롬비아 커피 농장을 견학한 후 자부심이 강해진 상태로 돌아옵니다. 자신들의 회사가 지은 농장에서 커피의 생생한 이야기를 체험하기 때문이지요. 일례로 매장에서는 사용 기한 등을 이유로 어쩔 수 없이 원두를 폐기해야 하는 일이 종종 생깁니다. 그런데 농장에 가본 경험이 있는 직원은 단 한 줌의 원두라도 폐기에 신중해집니다. 하나의 원두를 얻기까지 얼마나 많은 사람들의 땀과 노력이 들어갔는지 알기 때문이지요. 원래도 직원들 중에 커피 애호가가 많았는데 현지 견학을 다녀온 뒤로는 커피에 대한 애착이 더 커지고 근무 의욕도 높아졌습니다."

스즈키 회장은 웃으면서 "소규모 회사치고는 해외 항공료가 어마어마하게 든다."라고 덧붙였다. 작년에는 제과제빵 담당 직원이 헝가리 등 유럽으로 제과 연수를 다녀왔다고 한다. 해외 연수는 직원들의 주인 의식을 고취하고 근속 연수를 높이는 데 큰 역할을 하고 있다.

21

주말마다
설거지를 하는

회장님

스즈키 요시오 회장은 2018년 현재 히
타치나카 상공회의소 대표를 맡고 있다. 2010년에 취임했으니
재임한 지 벌써 8년이 넘었다. 구(舊)가쓰타신용조합 이사장과
이바라키 신용조합 상근이사를 역임했으며 동일본 커피조합
이사 및 일본커피문화학회이사로도 활동 중이다. 소위 지역의
유명 인사인 셈인데 직함이 주는 이미지와 달리 권위의식과는
거리가 먼 타입이다. 여전히 그는 주말이나 연휴에는 본점 카
운터에 서서 커피를 내리거나 설거지를 하는 등 격식을 차리

지 않는 소탈한 모습을 보인다. 12개 점포를 거느린 어엿한 회사 회장이 여전히 설거지를 하는 이유는 무엇일까? 스즈키 회장은 이렇게 대답했다.

"주말에는 늘 손님들로 붐벼서 직원들의 피로가 극심합니다. 설거지를 하는 건 그저 조금이라도 일손을 덜어주기 위해서지요. 가뜩이나 더운 한여름에는 그릇을 닦느라 웃옷이 땀으로 흠뻑 젖을 정도에요. 그리고 카운터에 있으면 손님들 각각의 특성 및 상황을 한눈에 파악할 수 있고 카운터 자리의 손님과 커피를 주제로 이야기꽃을 피울 수 있어 좋습니다. 혼자 커피를 즐기고자 하는 분들은 일반적으로 카운터 자리를 선호하기 때문이지요."

앞서 얘기한 에피소드들로도 짐작했겠지만 그는 원래 호기심이 왕성해서 무엇이든 스스로 시도해보려는 경향이 강하다. 유기농 재배법을 시도하고 해외 산지에 커피 농장을 운영하는 일은 그의 모험심과 추진력이 맺은 결실이라고 해도 과언이 아니다.

스즈키 회장의 인터뷰에는 '이바라키를 대표하는 카페'라는 단어가 자주 등장한다. 주말에 카운터에 서서 커피를 내리고 그릇을 닦는 작업은 사자 커피의 뿌리를 언제나 잊지 않기 위한 행동이 아닐까.

회사 규모가 커지면서 창업자가 사업가에서 직장인으로 변모하는 경우를 숱하게 목격해왔다. 나는 30년간 실로 다양한 경영자를 만나왔지만 초심을 잃은 행동을 보이는 사람은 평가 자체를 하지 않는다. 서민이 찾는 거리에 본거지를 두고 첫발을 뗀 식품 제조 회사가 장사가 잘된다고 도심부의 으리으리한 초고층 빌딩으로 본사를 옮기는 경우를 본 적 있다. 나름대로 사정은 있겠으나 평범한 서민을 주요 고객층으로 삼는다고 하면서 화려한 도심 속 사무실에서 과연 서민들이 원하는 바를 제대로 파악할 수 있을까?

타 업계에서 경영 수완을 인정받아 커피 전문 프랜차이즈 기업에 스카우트된 사장이 매장에서 주 1회 아침마다 직접 커피를 내려 고객에게 제공한다는 이야기를 들었다. 직원이나 거래처 사람들은 대체로 그의 행동을 긍정적으로 평가했다. 직원들은 상사의 사소한 행동 하나도 허투루 넘기지 않는 법이다.

당신이 가게를 운영한다면 매장에서 손님을 응대하는 일만은 꾸준히 유지하는 편이 좋다. 참고로 은행 관계자 사이에서는 '멋들어지게 수염을 기르고 골프를 잘 치는 사장에게는 결코 대출해주지 마라.'는 격언이 있다고 한다. 믿을 만한 경영자는 허세와 거리가 멀다. 스즈키 회장이 맡은 공직은 모두 주변의 요청으로 수락한 것이지 스스로 그럴듯한 감투를 원해서 맡은 게 아니었다. 스즈키 회장은 이렇게 말했다.

"1996년에 가쓰타신용조합 이사장직을 맡았습니다. 당시는 금융 불안으로 수많은 금융기관이 경영난을 겪던 시절이었지요. 아무도 희망하는 자가 없어 울며 겨자 먹기로 취임했지만 그 덕분에 해박한 금융 지식과 경영 마인드를 익힐 수 있었습니다."

스즈키 회장의 부인이자 사자 커피의 사장이기도 한 스즈키 미치코 사장은 자신의 남편을 이렇게 평한다.

"우리 집 양반은 그저 정 많고 커피를 좋아하는 할아버지일뿐이랍니다."

3부

**개성과
공간을**

———

팔아라

이바라키, 도쿄, 사이타마 지역에서 총 12개 매장을 운영하는 사자 커피는 모든 매장의 메뉴 가격이 동일하다. 상대적으로 저렴한 값에 제공하는 런치 메뉴도 없고, 가격대도 대체로 비싼 편이다. 커피와 빵을 세트로 주문하면 무려 1천 엔이 넘는다. 그럼에도 늘 손님이 끊이지 않는 이유는 무엇일까. 이번 장에서는 사자 커피의 운영 전략을 살펴보자.

22

비싸도 팔리는
스토리를

만들어라

사자 커피 메뉴판을 보면 매장마다 조금씩 차이는 있으나 일반적으로 커피는 400엔부터 시작한다. 본점에서는 '사자 스페셜 블렌드'가 480엔, '만델링'은 540엔, 직영 농장에서 수확한 커피 원두로 추출하는 '콜롬비아 사자 농장'은 590엔이다. 고품질 커피를 지향하는 만큼 가격은 비싼 편이나 판매는 늘 높다.

사자 커피에서 가장 비싼 커피는 세계 최고급 커피로 명성

이 자자한 '파나마 게이샤 시리즈'다. 본점에서는 1잔에 1천 엔, 2천 엔, 3천 엔 총 3종류를 제공해왔는데 폭발적인 인기를 끌어 물량이 소진되어 판매를 중지했다가 2017년 10월부터 재개했다.

앞에서도 소개한 바 있듯이 '파나마 게이샤'는 커피의 원산지인 에티오피아에 있는 게이샤 마을과 환경 조건이 비슷한 중미 파나마 지역에서 생산하는 커피다. 커피 전문가들의 극찬을 받으며 국제 경매에서 경이로운 금액에 낙찰되며 블루마운틴을 제치고 당당히 세계 최고급 커피의 대명사로 등극했다.

그런데 커피 한 잔에 무려 3천 엔이라는 가격을 지불하면서 마시는 고객이 있기는 한 걸까? 의외로 판매가 되고 있었다. 본점에서 근무하는 스기오 씨에 따르면 본점에서는 이틀에 한 잔, 모든 매장을 통틀어서는 하루에 2~3잔이 나간다고 한다.

고객 입장에서는 '경매에서 최고가로 낙찰받은 커피라면 기회가 있을 때 한 번 마셔보자!'라는 심리가 생긴다. 소비자가 납득할 만한 스토리가 있다면 비싸도 팔린다는 얘기다.

2017년 '베스트 오브 파나마'에서 사자 커피는 4부문 중 3부문에서 낙찰받았다. 그중에는 사상 최고액을 기록한 '1파운드당 601달러(약 6만 7,300엔)'로 공동 낙찰받은 커피도 포함된다.

생두 100그램에 4만엔 이상, 손해를 보지 않으려면 최소한 커피 한 잔에 5천 엔 이상은 받아야 한다는 계산이 나온다. 특별 이벤트로 통 크게 대접할 게 아니라면 높은 가격임에도 소비자가 납득할 만한 스토리를 만들어야 한다.

고품질 인기 품종은 애호가들 사이에서 높은 가격에 거래되고 있다. 열매를 재배하고, 로스팅하고, 숙성하는 과정을 통해 맛과 향이 깊어지는 커피는 이제 와인과 같은 존재가 된 것이다.

(23)

커피 한 잔으로
일상을

탈출

　　　　　　거대 식료품 회사를 경영하는 사장에
게 잘나가는 음식점은 무엇이 다른지 물어본 적이 있다. 그의
대답은 다음과 같았다.

"집에서는 경험하지 못할 맛과 분위기죠. 이를테면 초밥은 웬
만한 마트에서도 팔고 재료를 사면 집에서도 만들어 먹을 수
있잖아요. 하지만 고급 일식집이 제공하는 맛과 분위기는 집에
서 재현하기 어렵지요."

그는 젊은 시절 음식점에 재료를 납품하는 주류 영업을 하다가 사업을 확장해 현재는 요식 체인점도 경영하고 있다. 무수한 경험을 통해 성공을 이룬 만큼 그의 발언에 담긴 무게는 남다르다. 초밥을 커피로 바꿔도 본질은 달라지지 않는다. 카페도 집에서 제공하기 힘든 맛과 분위기를 만들어야 경쟁력이 생긴다.

전일본커피협회에서 중학생부터 79세까지 소비자를 대상으로 '1주일에 커피를 마시는 장소'를 조사한 자료가 있다. 그 결과 60% 이상이 '집'에서 마시며 20% 이상이 '직장 및 학교'에서 마신다고 답변했다.

다음 도표를 보면 최근 30년간의 경향을 알 수 있다. 가게에서 마시는 횟수는 줄어든 대신 집이나 직장, 학교에서 마시는 횟수가 늘었다. 최근에는 직장과 학교에서 마시는 횟수도 조금씩 줄어드는 모습을 보인다. 표를 보면 커피 3잔 중 2잔은 집에서 마신다는 계산이 나온다. 즉 카페의 최대 경쟁자는 집에서 마시는 '홈 카페'라는 얘기다.

일주일 기준 커피를 마시는 장소와 양

연도	가정	카페 · 다방	레스토랑 · 패스트푸드점	직장 · 학교	기타	합계
1983년	5.10잔	1.10잔	0.10잔	1.70잔	0.50잔	8.60잔
1985년	5.25잔	1.05잔	0.10잔	1.97잔	0.65잔	9.02잔
1990년	5.62잔	0.88잔	0.11잔	2.37잔	0.92잔	9.90잔
1996년	5.99잔	0.69잔	0.18잔	2.97잔	0.96잔	10.80잔
2000년	6.49잔	0.52잔	0.17잔	2.98잔	0.88잔	11.04잔
2002년	6.27잔	0.34잔	0.14잔	2.50잔	0.76잔	10.03잔
2004년	6.42잔	0.38잔	0.12잔	2.69잔	0.76잔	10.43잔
2006년	6.38잔	0.33잔	0.11잔	2.78잔	0.93잔	10.59잔
2008년	6.52잔	0.22잔	0.10잔	2.77잔	0.91잔	10.60잔
2010년	6.74잔	0.23잔	0.09잔	2.86잔	0.94잔	10.93잔
2012년	6.85잔	0.21잔	0.11잔	2.56잔	0.93잔	10.73잔
2014년	7.04잔	0.19잔	0.12잔	2.71잔	1.01잔	11.13잔

냉정하게 생각해보자. 커피는 대중의 일상 속에 깊이 뿌리 내렸고 커피 수요는 갈수록 늘어나는 추세다. 너도 나도 뛰어들어 치열한 혈투를 벌이는 커피 시장에서 깐깐한 소비자에게 특별한 무언가를 어필하지 않으면 도태되고 만다.

사자 커피는 시작부터 '일본 최고의 맛있는 커피점이 되겠다.'라는 스즈키 회장의 철학을 실현하기 위해 집에서 제공하지 못할 맛과 분위기를 만드는 데 주력해왔다. 그래서 생두와 물, 로스팅, 추출법 등 커피를 내리는 전 과정에 심혈을 기울였다.

커피뿐만이 아니다. 사자 커피는 애호가들이 열광할 만큼 커피 맛을 중시하지만 커피 이외의 메뉴에도 충실하다. 커피를 마시지 않는 손님도 사자 커피에서 좋아하는 메뉴를 즐길 수 있다. 까다롭게 커피 맛을 추구하는 카페는 평범한 손님이 찾기에 문턱이 높고 위압감을 주기 일쑤이지만, 사자 커피는 커피 애호가를 비롯해 모든 연령층이 부담 없이 이용할 수 있는 편안한 분위기를 풍긴다. 이는 커피 장인의 자존심을 내세우기보다 시대의 변화에 민감하게 대처하며 폭넓은 고객층에게 어필해온 덕분이다.

사자 커피 매장에는 1인 손님부터 단체 손님까지 다양하다. 본점에 있는 테라스석에서 혼자만의 여유를 만끽하던 40대 여성은 "연구 개발 일을 하는데 종종 이곳을 방문해 정원을 바라보며 커피를 마십니다. 기분 전환으로 제격이지요."라고 말했다.

아름다운 경치나 다른 손님들을 바라보며 음식을 맛보는 일은 집에서 연출하기 힘든 분위기다. 고객의 눈과 입을 즐겁게 할 부가가치는 무엇일지 고심해보자.

24 커피는
꼭 카운터에서
———
내린다

책 작업으로 사자 커피 본점을 찾은 카메라맨 구사나기 노부유키 씨는 "전통미와 현대미가 절묘하게 공존하는 분위기"라고 감상을 털어놓았다. 비단 인테리어만이 아니다. 사자 커피는 음식 맛에서도 과거와 현재의 조화가 느껴진다.

본래 음식점에 '전통이 깃든 맛'은 있어도 '예전부터 변하지 않는 맛'이란 없다. 아무리 토속 요리라도 재료가 바뀌면 조리 방식도 바뀐다. 또 사람들의 입맛도 시대가 변하면서 미묘하게 달라진다. 현대 미각에 익숙한 소비자가 1940년대 인기를 누리던 메뉴를 거리낌 없이 받아들이기를 기대해선 안 된다. 과거와 똑같은 레시피로는 요즘 고객의 입맛을 충족시킬 수 없다. 창업한 지 70년이 넘고, 300여 개 체인점을 운영하는 기업의 중역은 이런 말을 했다.

"여러 가지 재료를 조금씩 바꾸면서도 고객이 '오래된 맛'으로 여길 수 있도록, 동시에 현대적인 소비자 입맛에 적합한 맛을 내도록 하는 것이 목표입니다."

사자 커피도 초창기와 비교하면 커피 맛이 달라졌다. 창업 당시에는 사이펀 방식*을 사용해 진하게 추출한 커피를 제공했으나 지금 본점의 경우 넬드립**으로 커피를 내려 쓴맛 속에서 느껴지는 단맛을 강조한다. 고객 중에는 이 맛을 높이 평가하는 사람이 많다. 물론 자신의 취향과 다르다고 여기는 사람도 있지만 말이다.

* 플라스크처럼 생긴 기구에 수증기의 압력으로 내리는 고급 추출 방식
** 천으로 만든 필터에 커피를 내리는 추출 방식으로 부드럽고 깊은 향의 커피를 만들 수 있다.

오랜 세월에 걸쳐 고객에게 사랑받는 스테디셀러 브랜드일수록 '영원히 변하지 않는 것'과 '시대에 따라 변하는 것' 사이의 균형을 추구한다. 사자 커피의 경우, 맛있는 커피를 추구한다는 변치 않는 철학을 가지고 커피 재배, 로스팅 및 추출법에 변화를 주면서 시대 흐름에 민감하게 대응해왔다.

커피를 마시는 방식도 달라졌다. 옛날만해도 커피를 마신다고 하면 설탕과 크림을 듬뿍 넣어 마시는 경우가 대부분이었다. 상당수의 가게가 고객이 설탕과 크림을 직접 넣는다는 전제 하에 커피 맛을 조절했다.

그러다 현대에 들어와서는 대다수 사람들이 아무것도 곁들이지 않는 블랙커피를 선호하고 있다. 이유는 다양하지만 커피 본연의 맛을 즐기고 건강을 생각해 저칼로리를 선호하는 심리가 크게 작용하는 듯하다.

매장 분위기도 유행을 탄다. 고객층을 젊은 사람으로 국한하는가, 유아나 노인을 포함한 모든 연령층으로 넓히는가에 따라 달라지지만 기본적으로 요즘은 다이쇼 로망*이나 쇼와 레트로**가 각광받고 있다. 이 둘은 공통적으로 친숙하고 정겨우며 아련한 향수가 느껴지는 분위기를 표방한다.

다이쇼 로망의 포인트 중 하나가 벽면을 진한 갈색으로 칠해서 고풍스럽고 차분한 분위기를 연출하는 것이다. 쇼와 레트로는 일본의 고도 성장기를 배경으로 한 영화 〈올웨이즈 3번가의 석양〉에 나오는 가게처럼 알록달록하고 재기발랄한 느낌이 특징이다.

그저 외관이나 내부 인테리어만 흉내 내서는 조잡한 테마파크로 전락하기 십상이다. 적당히 모양새만 번지르르하게 공사해서 서둘러 오픈한 가게는 무수한 세월 속에서 맛과 서비스를 갈고닦아 그 지역에 깊게 뿌리내린 가게에 결코 대적할 수 없다.

사자 커피 본점에는 상징적인 공간이 있다. 바로 카운터석이다. 바리스타가 정성껏 커피 내리는 모습을 바라보며 커피

● 大正ロマン, 19세기 유럽을 풍미했던 낭만주의가 일본의 다이쇼 시대(1912~1926)에 영향을 끼친 풍조
●● 昭和レトロ, 쇼와 시대 중후반에 걸친 복고풍 문화

를 천천히 음미하는 것만큼 커피 애호가를 만족시키는 일은 없으리라. 일식집도 그렇지만 카페의 카운터 자리는 커피를 사랑하는 고객에게 특별석이나 다름없다. 본점의 카운터 바는 자체 제작한 격조 넘치는 원목 테이블로 무려 8미터에 달한다. 사자 커피의 위풍당당한 기상을 보여주는 듯하다.

25

불변의 진리,
소비자는 끊임없이
—
변한다

커피 애호가 중에는 추출 방식의 차이로 맛을 즐기는 사람이 많다. 커피 원두를 필터에 넣고 물을 부어 수동으로 추출하는 방식인 핸드드립은 필터의 종류에 따라 넬드립(Nell Drip)과 페이퍼드립(Paper Drip)으로 나뉜다. 천 필터로 커피를 추출하는 넬드립은 가장 맛있게 커피를 추출하는 방식으로 꼽힌다. 사자 커피도 넬드립으로 커피를 내린다.

넬드립은 물을 부을 때 커피 가루가 충분히 부풀어 오르고 여과 과정에서 원두의 잡맛이 걸러져 부드럽고 깔끔한 맛이 난다. 참고로 넬드립은 모직 재질의 천을 뜻하는 '플란넬(Flannel)'에서 온 말이다. 스즈키 회장은 이렇게 말했다.

"천은 보풀이 일어서 불순물을 잘 걸러냅니다. 그래서 넬드립으로 커피를 내리면 깊고 진하면서도 깔끔한 맛을 누릴 수 있지요."

이에 반해 종이 필터로 커피를 추출하는 페이퍼드립은 초보자도 다루기 쉽고 일관된 맛을 낸다는 장점이 있다. 가정에서 누구나 손쉽게 취향에 맞는 커피를 내릴 수 있기 때문에 전세계에서 가장 많이 애용하는 방식이다.

덧붙이자면 스타벅스 메뉴판에는 '블렌드 커피'라는 말이 없다. 수시로 블렌딩하는 원두가 바뀌기 때문에 편의상 '드립 커피'라는 명칭으로 사용하는데 이 때문에 '드립 커피=블렌드 커피'로 생각하는 사람도 있다. 그러나 본래 드립 커피는 추출하는 방식을 뜻하는 용어로 천이나 종이 필터로 추출한 커피

를 가리킨다.

이 밖에도 커피 가루를 추출 기구에 넣고 물을 부은 뒤 필터를 눌러서 커피를 내리는 프레스 방식도 최근 주목을 받고 있다. 뚜껑에 필터가 장착된 추출 기구에 커피 가루와 물을 넣고 필터 손잡이를 눌러 커피를 추출하는 프렌치 프레스(French Press)와 주사기 모양의 추출 기구에 커피 가루와 물을 넣고 피스톤을 눌러서 커피를 추출하는 에어로 프레스(Aero Press)가 대표적이다. 본래 홍차를 내릴 때 사용하던 프레스식 추출법은 커피가 대중화되면서 커피 추출법으로 일상화되었다.

사자 커피는 기본적으로 넬드립으로 커피를 내리지만 프렌치 프레스도 종종 사용한다. 부친에 뒤지지 않을 만큼 커피 철학이 남다른 스즈키 타로 부사장은 이렇게 설명한다.

"에어로 프레스는 커피의 품종과 로스팅 강도에 따라 가장 맛있는 커피 맛을 구현할 수 있습니다. 프렌치 프레스는 40년 전부터 홍차용으로 매장에서 사용해왔지요. 금속 필터를 사용하는 프렌치 프레스는 종이나 천 필터로 내린 커피보다 원두 그대로의 맛과 향을 간단하게 즐길 수 있다는 장점이 있습니다. 신맛보다 단맛이 돋보이는 특징도 있지요. 저는 바리스타들이 참가하는 국내외 커피경연대회를 운영하면서 커피 맛을 감별하는 커핑(Cupping)을 할 기회가 많은데 프렌치 프레스는 커피 본연의 맛을 느낄 수 있는 추출법입니다. 서양에서는 10년 전부터 프레스 방식의 커피가 대중화되었지요."

커피는 기호 식품이므로 맛에 정답이 존재하지 않는다. 개인의 취향에 따라 '맛있다.'는 느낌이 다르기 때문이다. 따라서 커피 추출법을 결정하는 오너의 철학은 손님이 강요받는 느낌만 받지 않는다면 가게의 특별함을 만드는 숨은 힘이 된다.

호기심이 많고 시행착오를 마다하지 않는 스즈키 회장은 일찍이 '숯불 커피'에 심취한 적이 있다. 이를 위해 이바라키현 히타치나카시에서 숯불을 이용한 직화 로스팅을 하는 카페인 보선당(宝船堂)과 숯불고기 음식점을 문턱이 닳도록 드나들며 배웠다고 한다.

이 밖에도 물을 가열하여 생긴 증기압을 이용해 커피를 추출하는 사이펀(Siphon) 방식도 있다. 커피 맛이 깔끔하고 고풍스러운 기구에서 커피가 추출되는 과정은 아름답지만 시간이 많이 걸리고 추출 과정이 까다로워 널리 보급되지 못했다. 하지만 이후 커피 시장에 '제3의 물결(The Third Wave of Coffee)'이 일면서 각광을 받기 시작했다. 커피 업계에서 제3의 물결이란 2000년대 미국에서 새롭게 등장한 커피 문화로 인스턴트 커피와 대형 프랜차이즈 커피에 식상함을 느낀 사람들이 원두

본연의 맛을 살린 고품질 커피를 지향하는 풍조를 말한다.

창업 초기에는 스즈키 회장도 정성 들인 이미지를 연출할 수 있는 사이펀 방식으로 커피를 내렸다가 '쓴맛 속에 느껴지는 단맛'을 표현하기 위해 넬드립으로 바꿨다고 한다. 다만 2017년에 새로 오픈한 에큐트 시나가와 지점에서는 사이펀 방식을 이용한다.

'소비자는 끊임없이 변한다.'는 마케팅 업계에서 진리로 통하는 말이다. 시대가 변하면 소비자의 기호도 변한다. 시대의 변화에 유연하게 대응하지 못하고 자기 방식만이 옳다고 고집한다면 소수의 고객층에게 지지를 받을지언정 오래가기는 어렵다.

26

간판 메뉴는
가장 먼저,

잘 보여야 한다

앞서 소개한 나가시마 마스히코 씨는
도토루 커피 프랜차이즈 본부장 및 상근이사로 근무했던 인
물이다. 현재는 푸드 비즈니스 컨설턴트로 활약 중인데 내가
카페 취재를 시작한 10년 전에 나에게 "세계대전 이후 일본의
커피 업계는 10~15년 주기로 성공하는 카페의 유행이 변해왔
다."라고 말한 바 있다.

그가 최근 어느 전문지에 기고한 내용이 흥미로워 지면을

빌려 소개하고자 한다.

> **카페의 메뉴판을 만들 때 유념해야 할 점**
> ① 메뉴판은 악보처럼 좌우로 펼쳐지는 형태가 좋다.
> ② 메뉴판은 앞표지와 뒤표지를 포함해 도합 4쪽으로 제한한다.
> ③ 메뉴 왼쪽 위 상단에 가게의 간판 메뉴를 적는다. 커피 전문점이라면 커
> 피 메뉴를, 레스토랑이라면 음식 메뉴를 왼쪽 상단에 배치한다.
>
> 출처: 〈카페&레스토랑〉, 2017년 4월호

사자 커피 본점의 메뉴판을 살펴보면 제일 먼저 보이는 메뉴 카테고리가 '사자 커피 추천-넬드립 커피'다. 그 밑에 '사자 스페셜 블렌드(480엔)', '이즈라 커피(590엔)', '사자 고급 블렌드(480엔)'가 이어진다. 요컨대 사자 커피의 대표 메뉴는 넬드립 커피라는 얘기다.

커피 애호가들 사이에서는 천 필터를 사용하는 넬드립이 가장 맛있는 추출법이라고 여긴다. 사자 스페셜 블렌드는 브라질, 콜롬비아, 과테말라, 에티오피아 총 4품종 원두를 섞어

서 넬드립으로 추출한 것이다. 어느 카페나 마찬가지이지만 상품에 당당히 가게 이름을 내거는 것은 이것이 가게의 '간판 메뉴'라는 뜻이리라.

뒤에서 좀더 자세히 소개하겠지만 이즈라 커피는 메이지시대(1868~1912)에 활동한 일본 미술계의 사상가인 오카쿠라 텐신(岡倉天心)에게 영감을 받은 메뉴다. '이즈라'는 텐신이 직접 적은 편지의 한 글귀에서 따왔다고 한다. (184쪽 참조)

참고로 예전에는 스페셜 블렌드와 고급 블렌드에 이어 '콜롬비아 사자농장(590엔)'이라는 커피가 본점 메뉴판 세 번째로 등장했다고 한다. '콜롬비아 사자농장'은 이름에서 짐작할 수 있듯 자사의 직영 농장에서 재배한 커피 원두로 내린 메뉴다.

사자 커피는 나가시마 씨가 제안한 메뉴 구성 노하우를 제대로 활용하고 있다. 하지만 초보 경영자들은 가격이 저렴한 순서부터 메뉴판 상단에 배치하는 실수를 하곤 한다.

메뉴판을 열고 가장 먼저 보이는 메뉴는 가게의 암묵적인 메시지와 다름없다. 그러므로 사자 커피 본점에서 넬드립 커피와 사자 스페셜 블렌드는 '이것이 우리의 간판 메뉴입니다.'라는 뜻이고 이즈라 커피는 '이것이 현재 우리가 추천하는 메뉴입니다.'라는 뜻이다.

27

커피를 즐기지 않는
고객도

사로잡다

90석가량의 좌석이 있는 사자 커피 본
점에는 커피 이외에도 다양한 음료가 있다. 홍차로는 '아삼',
'다즐링', '케냐' 등이 있고 '블루베리 메를로', '진저 레몬그라스'
같은 허브티도 있다.

여름에는 차가운 음료도 선보인다. 특히 이바라키현 호코
타시의 무라타 농장에서 재배된 산지 직송 딸기를 갈아 만든
'딸기 셰이크(700엔)'는 커피와 어깨를 나란히 하는 사자 커피

의 간판 메뉴다. 무라타 농장은 도쿄 긴자의 고급 디저트 전문점인 센비키야와 5성급 호텔인 페닌슐라 도쿄 및 리츠칼튼 도쿄에 과일을 납품한다. 센비키야에서 판매되는 딸기 디저트의 가격을 생각하면 700엔이라는 가격은 그리 비싼 편도 아니다.

2017년 7월에는 에큐트 시나가와점이 새로 오픈하면서 '멜론 셰이크(700엔)'를 판매하기 시작했다. 이바라키현 호코타시의 농업협동조합에서 재배한 양질의 싱싱한 멜론을 사용하는데 한입 마시면 달콤하고 상큼한 멜론 맛이 입안 가득 퍼진다. 타로 부사장은 이렇게 말했다.

"커피와 마찬가지로 음료 메뉴도 질 좋은 재료를 첨가물 없이 맛있게 만들고자 노력했습니다. 원재료에 아낌없이 투자했지요."

자부심 강한 커피 전문점에서 셰이크를 판매하게 된 배경은 무엇일까. 카페에는 커피를 마시러 오는 손님이 대부분이지만 모두가 커피 애호가는 아니다. 예전에 비해 커피를 즐기는 사람이 늘어난 것은 사실이지만 여전히 차를 즐기는 사람도 있다.

본래 일본에서는 여성이 커피보다 홍차를 선호하는 경향이 있었다. 오죽하면 일본의 국민 아이돌 가수의 히트곡 제목이 '홍차가 맛있는 다방'이었겠는가.

스타벅스에서 인기 있는 메뉴는 '카페라테'나 '캐러멜 마키아토'처럼 우유가 들어간 커피다. 초반에는 크림이나 시럽이 추가된 달콤한 커피에 매료된 여성들이 홍차에서 커피로 돌아섰지만, 건강을 생각하는 시대가 도래하고 편의점 커피가 대중화되면서 블랙커피를 즐기는 비율도 늘었다. 하지만 늘 블랙커피를 마시는 사람이라도 가끔은 새로운 메뉴에 도전하고 싶어지기 마련이다.

소수 인원으로 가게를 꾸려 나가는 개인 가게의 경우 최대한 메뉴를 간소화하되 커피를 즐기지 않는 손님도 주문할 만한 메뉴를 고안할 필요가 있다. 이때 그 메뉴가 여성 고객에게 지지를 받을 수 있는지가 관건이다. 일반적으로 남성은 보수적인 성향이 있어서 늘 먹던 대로 주문하는 반면, 여성은 호기심이 많아서 새로운 메뉴를 시도하는 경향이 강하기 때문이다.

참고로 도쿄 히토츠바시와 가루이자와에 점포를 가진 유명 카페의 인기 메뉴는 '모카 소프트'다. 자가 로스팅한 커피로 만든 소프트 아이스크림인데 이미 고인이 된 창업자가 온천으로 유명한 가루이자와를 찾는 가족 단위 관광객을 겨냥해 개발했다고 한다. 그런데 이 아이스크림이 여성 고객들에게 폭발적인 인기를 얻어 지금은 커피보다 유명한 간판 메뉴로 성장했다. 서브 메뉴가 시장의 인기에 힘입어 간판 메뉴로 등극한 대표적 사례 중 하나이다.

28 빵과 디저트는 만들되 밥은 만들지

않는다

빵과 디저트를 파는 카페는 많아도 밥을 파는 카페는 거의 없다. 사자 커피도 마찬가지이다. 카페에 빵과 디저트는 있어도 밥이 없는 이유는 무엇일까?

첫 번째로 커피는 빵과 어울리지만 밥과는 어울리지 않는다. 샌드위치나 바게트를 떠올리면 이해하기 쉬울 것이다.

두 번째로 밥은 조리 시간이 오래 걸린다. 어느 대기업 체인점 사장은 이렇게 설명했다.

"여러 매장을 운영하는 체인점의 경우 밥 종류는 손이 많이 가고 관리가 무척 까다롭습니다. 아르바이트생에게 조리 과정을 훈련시키는 일도 만만치 않은 일이지요. 그나마 수월한 게 카레라이스 정도입니다."

커피를 파는 카페에서 식사 대용으로 카레라이스, 오므라이스, 햄버거 정식 등을 제공하는 경우는 종종 있다. 튀김 정식을 내걸기도 하고 '오늘의 런치'로 날마다 메뉴 구성을 바꾸기도 한다. 나고야의 어느 카페에서는 점심 때 아예 밥과 반찬이 담긴 도시락 메뉴를 제공하는 경우도 많다.

여성이 즐겨 찾는 카페에서는 몸에 좋은 유기농 메뉴가 인기다. 하지만 오곡밥이나 잡곡밥에 신선한 야채를 곁들인 식사는 여성 고객에게는 호응을 얻지만 남성 고객에게는 그다지 어필하지 못한다. 한 그릇으로 밥을 제공하는 카페를 방문한 20대 남성 고객은 "적은 양에 비해 가격이 비싸다."라고 말하기도 했다. 오너는 폭넓은 고객들의 다양한 의견을 꼼꼼히 살핀 다음 '어떤 고객층에게 어필할 것인가'를 고심한 뒤 메뉴를 선정해야 한다.

위에서 나열한 사례를 살펴보면 눈치챘겠지만 밥을 메뉴로 제공하는 가게는 체인점보다 개인 가게가 많다. 대기업 프랜차이즈 카페인 스타벅스, 도토루, 고메다, 탈리스커피 모두 밥은 팔지 않는다. 그나마 예외가 홋카이도와 규슈에 걸쳐 전국 260개 점포를 운영하는 카페 고히칸(珈琲館)이 제공하는 카레라이스와 하이라이스 정도다.

기본적으로 개인 카페와 대형 프랜차이즈 카페는 생존 전략 자체가 다르다. 개인 카페는 고도 성장기 이후 급속도로 부상한 패밀리 레스토랑에 대응하기 위해 밥 메뉴를 도입한 경우가 많다. 나고야 지역의 카페는 밥을 제공하는 비율이 타 지역보다 높은데 일상적으로 카페를 이용하는 지역 주민들의 성향을 반영한 결과다. 심지어 나고야에서는 삼시 세 끼를 모두 카페(한 군데는 아니지만)에서 해결하는 사람들도 적지 않다고 한다.

반면 사자 커피는 창업 이래 밥 메뉴를 제공한 적이 한 번도 없다. 커피 전문점의 역할을 고수하려는 마음과 함께 커피와 밥은 궁합이 맞지 않다고 여기기 때문이다. 회사 규모가 커진 뒤부터는 커피에 어울리는 디저트를 개발하고, 자체 운영하는 제과 제빵 공방에서 직접 만들어 판매하고 있다. 사자 커피의 디저트 메뉴는 여성 고객들 사이에서 특히 반응이 좋은데 '오늘의 케이크' 메뉴는 500엔부터 시작한다. '레몬 케이크'나 '시폰 케이크', '기간 한정 케이크' 등 종류가 많아도 금세 품절이다.

그중에서도 '카스텔라 쇼트케이크'는 사자 커피가 자부심을 가지고 만드는 간판 디저트다. 촉촉한 카스텔라를 케이크 시트로 사용했는데 나가사키 카스텔라의 원조라고 불리는 '후쿠사야(福砂屋)'를 모델 삼아 그 맛과 품질을 똑같이 재현했다. 매장 진열대에서는 '사자 카스텔라(1,100엔)'도 판매한다.

사이드 메뉴를 개발할 때는 매장에서 감당할 만한 범위 안에서, 또 어떤 메뉴에 집중할지도 정하는 게 중요하다.

4부

먼저 사랑하자,
그러면

사랑받는다

번화가, 역세권이 가게의 필수 성공조건인 시절이 있었다. 지금도 유효하지만 요새는 인터넷의 발달에 따라 불리한 조건 속에서도 높은 매출을 올리는 가게가 많아졌다. 사자 커피가 대표적인 사례다. 주요 도시도, 유명 관광지도 아닌 곳에서 시작하여 지금껏 성공 가도를 달릴 수 있었던 회심의 전략은 무엇일까?

29

도자기를
파는
——
카페라니?

사자 커피 본점에 처음 들어가면 먼저 널찍한 판매 공간이 눈앞에 펼쳐진다. 직접 로스팅한 커피 원두, 카스텔라 그리고 일본에서 지정한 전통 공예품인 가사마야키(笠間燒) 그릇이 진열되어 있다. 이곳을 지나 안쪽으로 들어가야 카페 공간이 나온다.

가사마야키는 에도 시대 중기(1772~1781)에 하코다정(현재 이바라키현 가사마시 하코타 지역) 직공인 구노 한우에몬이 시가

라키(信樂) 도자기의 도공인 조에몬에게 사사받아 만든 그릇이
라고 한다.

세계대전 이후 간편한 플라스틱 식기가 유행하면서 위기를 맞은 가사마야키는 주방용 그릇에서 예술적인 공예품으로 콘셉트를 전환해 고급화를 추구했다. 이후 일상에서도 사용 가능한 고급 식기류로 자리매김하면서 변함없는 명성을 이어오고 있다. 하코다 지역은 현재 약 3천 명의 도예가와 다양한 콘셉트의 공방이 있는 도자기 산지로 유명하다.

사자 커피 본점은 1989년 현재의 매장으로 신축하면서 가사마야키 그릇을 판매하기 시작했다. 20대부터 40대까지 다도를 배운 스즈키 회장이 이바라키를 대표하는 특산물인 가사마야키의 위상을 높이고자 적극 홍보에 나선 것이다.

고객을 처음 맞이하는 장소에 판매 공간을 배치한 이유에 대해 스즈키 회장은 다음과 같이 설명한다.

"사자 커피의 모토는 커피뿐 아니라 커피를 즐기는 문화를 파는 것입니다. 가사마야키 그릇을 판매 코너 전면에 내세운 이유도 사자 커피가 이바라키를 대표하는 카페임을 알리고 커피를 더욱 맛있고 아름답게 즐길 기회를 제공하고 싶었기 때문이지요. 실제로 가사마야키 그릇은 고객에게 큰 호평을 받고 있습니다. 본점에는 판매 공간과 카페 공간이 독립되어 있는데 각각의 매출 비율은 5:5 정도입니다. 단순히 계산대 앞에 원두를 진열하기만 한다면 1:9 정도가 고작이겠지요. 아내 미치코가 판매 코너를 전담하고 있는데 고객이 제품을 둘러보며 즐겁게 시간을 보낼 수 있도록 카페 못지않게 인테리어나 제품 배치에 각별히 신경을 썼습니다."

가사마야키 그릇은 본점 곳곳에서 그윽한 존재감을 뽐내고 있다. 판매 코너에는 근사한 무늬가 새겨진 도판 벽이 있는데 도예가이자 인간문화재인 마쓰이 코세이의 작품이다. 1969년 사자 커피를 개업할 당시 스즈키 회장의 죽마고우인 마쓰이 도예가가 그 시절에는 흔치 않던 도판 벽을 적극 추천했다고 한다. 스즈키 회장은 500개의 도판 벽을 주문했는데 본점에는 그중 50개를 사용했다.

화장실에는 또 다른 가사마야키 도예가인 고마야시 토요가 제작한 세면대가 있다. 스즈키 회장은 웃으면서 "저 세면대가 우리 매장에서 가장 몸값이 높은 비품일 겁니다."라고 덧붙였다.

특별한 매장 분위기를 연출할 때의 핵심은 고객이 분위기에 자연스럽게 녹아들어 편안함을 느끼게 하는 것이다. 오너의 취향을 무리하게 강요하는 듯한 모양새는 금물이다.

이는 메뉴판에도 해당된다. 어느 음식점에서는 메뉴판에 '○○에 심혈을 기울인 ○○요리로, 메인 재료는 ○○에서 직접 공수한 ○○를 사용하고 여기에 특제 소스 ○○를 곁들였습니다.' 같은 장황한 설명을 덧붙이기도 하는데 과도한 설명은 오히려 고객에게 거부감을 안겨줄 수 있다.

그래서일까? 사자 커피 화장실에는 세면대를 제작한 도예가 이름이나 가사마야키 작품임을 알리는 문구를 일절 찾아볼 수 없다.

30

지역 행사를
후원하는
———
착한 카페

매년 1월 말이 되면 전국에서 수많은 러너들이 히타치나카시*로 집결한다. '가쓰타 전국 마라톤' 대회가 열리기 때문이다. 국적을 불문하고 고교생 이상이면 누구나 참가 가능한 이 대회는 '10킬로미터 부문'과 '마라톤 부문'으로 나뉘어 개최된다. 10킬로미터 부문에 1만 명, 마라톤 부문에 1만 5,000명 도합 2만 5,000명이 운집하는 거대 행사로, 마을을 대표하는 대회 중 하나다. 참고로 이 규모는 도쿄 마라톤과 오사카 마라톤 등에 이어 전국 참여 인원 7위에 해당하는

● 일본 이바라키현 북부에 있는 도시로 평지림이 많다.

수치다.

가쓰타 전국 마라톤은 대회의 남녀 상위 입상자를 국제적인 미국 보스턴 마라톤 대회에 출전시키기도 하는 등 마라톤 대중화 및 선수 육성을 위해 노력하고 있다. 대체로 코스가 평탄한 10킬로미터 부문은 초심자도 부담 없이 출전할 수 있다. 2015년까지는 인원 제한이 없었지만 최근 마라톤 인기가 치솟으면서 인원 제한이 생겼다.

서론이 길었는데 사자 커피는 매년 이 대회의 협찬사로서 참가하는 러너들에게 3천 잔에 달하는 커피를 무료로 제공해오고 있다. 고급 품종의 커피를 공짜로 맛볼 수 있다는 점은 이 대회에 참가하는 단골 러너에게 특별한 이벤트이기도 하다.

인스턴트 커피를 3천 잔 제공하는 것과는 다르게 비용이 무척 많이 든다. 상당한 경제적 손실을 감수하면서까지 고가의 커피를 무료로 제공하는 이유는 무엇일까? 스즈키 회장은 다음과 같이 설명한다.

"사자 커피가 이만큼 성장할 수 있었던 것은 이바라키 주민들의 성원 덕분입니다. 저는 제 연고지를 잊지 않았고, 주민들에게 늘 감사하는 마음을 전하고 싶었습니다. 마라톤 대회만이 아닙니다. 지역에서 열리는 교육기관 모임이나 기업 강연회, 유네스코와 같은 비영리단체 활동, 각종 자원봉사에도 무료로 커피를 제공하고 있습니다."

그의 지인들은 "사자(サザ) 커피가 아니라 타다(タダ) 커피다!"*라며 농담 섞인 핀잔을 주기도 하지만 스즈키 회장의 생각은 확고하다.

"공짜라면 사자 커피를 더욱 기쁘게 마실 수 있고 우리 커피에 대해 좋은 인상을 갖게 됩니다. 훗날 사자 커피를 다시 접할 기회가 생겼을 때 제값을 지불하고 주문할 확률도 높아질 테지요. 장기적인 안목으로 보자면 결코 손해 보는 장사가 아닙니다. 실제로 사자 커피는 호텔이나 음식점에 납품하는 도매보다 일반 소비자가 직접 선택하는 소매로 더욱 큰 매출을 올리고 있습니다."

● 사자(サザ)와 타다(タダ, 공짜)의 비슷한 발음을 이용한 말장난

스즈키 회장은 당장 일시적인 손해를 보더라도 그것을 감수하면 장래에 더 큰 이익으로 연결된다는 사실을 알고 있다. '어떻게든 돈을 받고 팔겠다.'가 아니라 '우리 커피의 맛을 알리고 싶다.'는 자세를 오랫동안 유지한 덕분에 두터운 팬층을 거느린 브랜드로 성장한 것이다.

잘되는 카페는 일단 좋은 이미지로 어필하고 고객과 친밀히 소통하면서 그들의 입맛에 맞는 커피를 찾아내기 위해 끊임없이 노력한다. 훌륭한 커피를 만드는 것도 중요하지만 그전에 어떻게 해야 고객이 카페에 좋은 인상을 가질지 고민해야 한다.

오픈한 지 얼마 안 된 카페라서 아직 단골이 없다면 기탄없이 의견을 말해줄 친구 및 지인에게 시음을 요청해보자. 솔직한 평가라면 아무리 부정적인 의견이라도 당신의 카페를 더 좋은 모습으로 다듬어줄 것이다.

<table>
<tr><td>31</td><td>지역의 스토리를
메뉴 개발에
——
활용하다</td></tr>
</table>

사자 커피에는 이색적인 인기 메뉴가
있다. '도쿠가와 장군커피'가 바로 그것이다. 이 커피는 1998년
에 일본에서 방영된 NHK 방송국의 대하 드라마 〈도쿠가와
요시노부(德川慶喜)〉에서 힌트를 얻어 개발했다.

도쿠가와 요시노부는 에도막부 시대(1603~1868)의 마지막
지도자였으며 도쿠가와 가문이 대대로 영주를 맡아 온 이바라
키현의 미토 지역은 정치의 중심지였다. 이 드라마는 전국적

으로 선풍적인 인기를 모았으며 덩달아 이바라키현도 들썩이기 시작했다. 타로 부사장은 "드라마 열풍에 힘입어 우리도 도쿠가와 장군과 관련된 커피를 개발해보자."고 제안했고 사업 감각이 남다른 부친 스즈키 회장도 관심을 보이며 이렇게 말했다.

"커피를 심도 있게 연구하려면 커피 본고장의 역사를 배우고 현지를 직접 방문해 문화를 접해야 합니다. 우리가 사는 곳도 예외가 아니지요. 사자 커피는 역사와 문화에 대한 지식을 익히고 이바라키현에 연관된 스토리를 만들어 이를 상품 개발에 반영해왔습니다. 그 첫 사례가 바로 도쿠가와 장군커피입니다."

당시 미토시는 〈도쿠가와 요시노부〉 드라마가 인기를 끌자 지역에 드라마 세트를 설치해 관광객을 유치하는 등 적극적인 홍보에 나섰다. 1999년에 일본 커피문화학회 본부는 미토시에서 커피 심포지엄을 개최하고 싶다고 요청했다. 당시 이바라키 지부 사무국장이었던 스즈키 회장은 행사를 진행하던 중에 프랑스 군복을 입은 요시노부 장군의 사진을 보고 문득 '그도 커피를 즐긴 게 아닐까?' 하는 생각을 했다고 한다.

스즈키 회장은 지인인 기자의 소개로 요시노부 장군의 증손자이자 현재 카메라맨으로 활동 중인 도쿠가와 요시토모 씨를 만났다. 스즈키 회장은 요시토모 씨에게 "미토시에서 열리는 커피 학회에서 '도쿠가와 요시노부와 커피'라는 주제로 강연을 부탁하고 싶습니다. 사례는 약소하나 커피만은 충분히 제공해드리겠습니다."라고 부탁했고 요시토모 씨는 흔쾌히 승낙했다. 알고 보니 그는 갖가지 품종의 원두를 시음하는 것을 즐기고 로스팅도 배운 적 있는 커피 애호가였다.

아울러 스즈키 회장은 당시 문헌을 조사하던 중 요시노부가 프랑스인 요리사를 고용했고, 1867년 오사카에서 열린 만찬회에 서양 외교관을 초대해 커피를 대접했다는 내용과 구체적인 식단을 찾아냈다. 이 기록을 토대로 1867년에는 세계 커피 유통을 네덜란드가 60% 이상 점유했던 사실을 참고삼아 에도 말기에 마신 커피를 현대식으로 재현해냈다. 당시 네덜란드령이었던 인도네시아 산지에서 재배되는 최고급 커피 품종인 만델링을 강배전*으로 로스팅한 것이다. 이때 요시모토 씨가 직접 로스팅을 담당했다.

단순한 강연 의뢰로 시작한 인연이었으나 커피라는 공통점을 발견한 스즈키 회장과 요시토모 씨는 일사천리로 일을 진행시켜 나갔다. 덕분에 사자 커피가 개발한 도쿠가와 장군커피는 '도쿠가와 가문의 후손이 직접 개발에 참여했다.'는 스토리를 얻었다. 포장지를 잘 살펴보면 로스팅하는 요시토모 씨의 사진이 인쇄되어 있다. 매장에서는 '도쿠가와 장군 카페오레'라는 이름으로 제공하는데 내 지인 중에도 이 커피를 좋아하는 커피 애호가가 상당히 많다.

개인이 경영하는 가게가 이 정도 수준으로 메뉴를 개발하기는 수월치 않으리라. 그러나 '가게를 알리기 위해 대외 활동을 하다 만난 지인과 의기투합해 멋진 결실을 맺었다.'는 성공 스토리는 유명 카페를 취재하다 보면 심심치 않게 들곤 한다.

최근 커피 업계는 홍보를 위해 다양한 이벤트를 개최해서

● 커피 로스팅 기법 중 하나로 생두를 강한 불에 15분 이상 볶는 것

관련자들과 교류할 기회가 많다. 뚜렷한 목표를 가지고 적극적으로 행동하는 사람은 귀중한 정보를 얻을 확률도 높은 법이다. 사소해 보이는 정보라도 소중히 여겨서 가게를 알리는 기회로 활용해보자.

32

역사책에서도 아이디어를

얻는다

사자 커피는 2014년 이바라키 대학 도 서관 안에 '이바라키 대학 라이브러리점'을 오픈했는데, 그로 부터 2년 후인 2016년에 이바라키 대학에서 사자 커피에 메뉴 개발을 의뢰했다.

'대학이 위치한 이즈라 지역의 인지도를 높일 만한 상품을 개발하고 싶다.'는 취지였다. 이즈라는 깎아지른 듯 솟아있는 절벽이 해안을 따라 길게 이어지는 명승지로 '관동의 마쓰시마*로 불린다.

수려하고 아름다운 자연환경을 자랑하는 이즈라는 근대 일본 미술의 개척자인 오카쿠라 텐신**의 연고지이기도 하다. 텐신은 1906년에 일본 미술원의 거점을 이즈라로 옮기고 육각당이라는 정자도 지었다. 현재 육각당을 관리하는 이바라키 대학은 이즈라의 아름다움을 널리 알리기 위해 다양한 활동을 벌이고 있다.

의뢰를 받은 사자 커피는 스즈키 회장을 중심으로 커피 개발에 착수했다. 그런데 예상치 못한 난관에 봉착하고 만다. 일본 문화와 동양 사상의 대가로 평가받는 텐신은 영문으로 집필한 《차의 책(茶の本, The Book of Tea)》의 저자로 널리 알려졌다. 이즈라와 텐신은 차와 떼려야 뗄 수 없는 관계인데 이 둘을 커피와 연관시키는 것이 어불성설이라는 반대에 부딪힌 것이다. 다시 말해 사자 커피가 텐신과 이즈라를 엮어서 커피를 개발하는 것은 억지 홍보로 이기주의에 급급한 발상일 뿐 아무런 명분도 역사적 사실도 없다는 얘기였다.

● 松島, 일본의 3대 풍경 중 하나
●● 1863년에 태어난 일본의 사상가이자 문인으로 일본 미술원의 창시자

스즈키 회장을 비롯한 사자 커피 개발팀은 이러한 반발을
불식시키기 위해 즉각 이바라키 대학과 연계해 관련 문헌을
철저히 조사하기 시작했다. 그리고 현존하는 관련 자료를 하
나하나 조사하던 중 텐신과 커피에 관한 일화를 발견해낸다.
텐신이 도쿄미술학교(현 도쿄예술대학) 학장으로 근무하던 시
절, 번역가 친구에게 건넨 편지에 '이전에 말씀드렸던 커피 도
구를 보내드립니다.'라는 글귀를 찾아낸 것이다. 맥락상 커피
도구는 커피 원두를 분쇄하는 그라인더(Grinder)로 해석할 수

있었다.

스즈키 회장은 텐신이 미국에서 근무하던 시절의 커피 유통 상황도 찾아보았다.

"1904년에 텐신은 보스턴 미술관의 중국·일본미술부 고문으로 취임합니다. 이후 그가 미국과 일본을 오간 횟수는 24회에 이르지요. 보스턴은 미국 커피의 발상지고요. 당시에는 배를 타고 왕래했으니 아마 배 안에서 커피를 자주 마셨을 겁니다."

더 나아가 이바라키 대학의 코이즈미 신야 교수와 시미즈 에미코 조교수는 1890년부터 1900년까지 10년 동안 미국에서 커피 수입량이 1.5배나 늘어났다는 사실을 밝혀냈다. 텐신이 1904년에 미국으로 건너갔으니 그 전부터 미국에서는 커피 수요가 증가했다는 얘기다. 아울러 두 사람은 1900년 미국에서 만든 매장용 커피머신 사진도 입수했다.

사자 커피는 이러한 자료를 토대로 당시 보스턴에서 유행한 약배전*으로 로스팅한 커피를 재현해냈다. 상품명은 문헌의 표현을 가져와 '이즈라 커피'로 정하고 포장지에는 육각당의 운치 있는 풍경을 수묵화로 표현했다. 텐신이 커피와 연관이 깊다는 사실을 역사적 기록을 통해 철저히 검증한 덕분에 반대하는 의견들은 소리 없이 사라졌다.

이후 사자 커피 전 지점에서는 손잡이가 없는 컵에 이즈라 커피를 제공하고 있다. 이즈라 커피 원두는 '한잔용'으로 개별 포장된 것으로 컵 위에 커피백을 올려 물을 부어 마시는 상품으로 디자인했다. 커피백 다섯 개 묶음에 800엔으로 구성했는데 당초 예상을 웃도는 매출을 기록했다. 스즈키 회장은 이 현상에 대해 이렇게 말했다.

"이즈라 커피는 2016년 9월부터 판매를 시작해 1년간 1만개 가까이 팔렸습니다. 화제성도 있었고 1인 가구 시대에 맞춰 한잔용 커피백으로 만든 전략이 먹혀들었죠."

● 커피 로스팅 기법 중 하나로 생두를 약한 불에 볶는 것

33 카페가 곧 갤러리가

된다

21세기 초부터 불기 시작한 카페 열풍은 갖가지 현상을 불러왔다. 카페에서 판매하는 음식 메뉴가 다양화된 것은 물론, 카페라는 단어가 단순히 '차를 마시는 가게'에서 '사람이 모이는 장소'라는 포괄적인 의미로 사용되기 시작했다. 전국 각지에서 열리는 토크쇼 및 포럼에 간혹 '○○ 카페'라는 명칭이 붙는 것도 이를 방증한다.

카페의 역할이 사람이 모이는 장소로 바뀔 수 있다는 것을 미리 예측한 건 아니지만 사자 커피 본점은 1989년부터 '갤러리 사자'라는 특별한 공간을 운영해왔다. 갤러리 사자는 카페의 일부가 아닌 독립적인 실내 공간이다. 스즈키 회장의 말에 따르면 이바라키현에서 최고로 인기 많은 임대 갤러리로 내년까지 예약이 꽉 차 있다고 한다.

인기 비결은 저렴한 임대료다. 화요일부터 다음 주 월요일까지, 7일을 단독으로 대관할 수 있으며 이용료는 하루 1만 엔이다. 여기에 가게 밖에 걸어두는 일주일치 간판비로 1만 엔이 추가된다. 갤러리 면적과 전시 기간을 고려하면 상당히 저렴한 편이라고 할 수 있다. 이바라키 지역의 문화 살롱으로 자리매김하겠다는 의도로 설립했기에 수익은 크게 고려하지 않았다고 한다. 실제로 갤러리 사자는 이바라키의 무명작가 및 신진 작가를 발굴하고 홍보하는 역할을 톡톡히 해내고 있다.

본점을 찾는 손님은 무료로 갤러리를 둘러볼 수 있고 작품도 구입할 수 있다. 문화생활을 누릴 만한 환경이 대도시에 비해 열악한 지방 소도시에서 갤러리 사자의 존재는 더욱 빛을

발한다.

"단골 중에 현대미술 전공자들이 있었는데 종종 전시회를 마치고 우리 매장에서 종강 파티를 하곤 했지요. 그중 한 명이 갤러리가 있는 카페를 만들면 어떻겠냐며 진지한 표정으로 물어왔어요. 저 역시 취미로 유화나 도예를 하고 있어서 솔깃한 제안이라고 생각했습니다."

스즈키 회장은 본점을 신축하면서 계획을 실행에 옮겼다. 원래는 카페 안쪽을 갤러리로 꾸며서 손님이 차를 마시며 그림도 감상할 수 있도록 할 계획이었다. 그러나 절친한 사이인 편집 디자이너 마스야마 카쓰미와 건축가 다키구치 코도카이가 "카페가 메인인 구조로는 갤러리의 존재감이 살지 못한다. 통 크게 독립된 공간으로 만들어서 제대로 된 문화 공간으로 키워라."라고 조언해 주었고 스즈키 회장은 계획을 변경해 갤러리 공간을 단독으로 마련했다.

취미가 다양하고 문화에 대한 조예도 깊은 스즈키 회장을 보면 메이지 시대*의 다방 오너가 연상된다.

메이지 시대에는 문화예술인이 다방을 경영을 하는 일이 많았다. 1911년에 문을 연 카페 '프렝탕(Printemps)'의 오너는 서양화 작가 마쓰야마 쇼조였으며 상호를 지어준 사람은 일본의 저명한 소설가 오사나이 카오루였다. 프렝탕은 프랑스어로 '봄, 청춘'을 뜻한다. 마쓰야마는 안정적으로 다방을 운영하기 위해 회원제를 도입했는데 화가 구로다 세이키, 문학가 모리 오가이, 나가이 카후, 다카무라 코타로, 기타하라 하쿠슈 등 당시 저명한 예술인들이 회원으로 가입했었다.

요즘에도 디자이너나 카메라맨 등이 카페를 경영하는 경우가 적지 않다. 이들은 카페를 운영하면서 이를 자신의 작품을 전시하는 공간으로 활용하기도 한다. 하지만 매장 내부에 자연스럽게 작품을 전시하는 정도라면 괜찮지만 수익을 포기하지 않고 갤러리를 카페와 겸업하고자 한다면 작품을 고가로 판매하지 않는 이상 유지하기 만만치 않다. 신중하게 검토할 필요가 있다.

● 1868년부터 1912년까지로 일본의 산업혁명이 시작된 시기

문제 해결 능력은 미리미리

키워두자

2011년 3월 11일에 발생한 동일본대지진, 그 이후 몰아닥친 거대한 쓰나미 그리고 원자력발전소 사고는 당시 일본 전역을 공포로 몰아넣었다. 사자 커피 본점도 당시 지진으로 직접적인 피해를 입었다. 히타치나카시는 당시 진도 6을 기록했는데 영업 중인 가게에서 식기들이 와르르 쏟아지고 근처 공장에 있던 로스팅 기계도 파손되었다.

천만다행으로 손님과 직원들의 인명 피해는 없었지만 사건이 일어나고 전기는 3일간, 수도는 3주간 끊겨 잠시 휴업에 들어갔고 4월부터 영업을 재개했다. 당시 상하수도 복구가 예상외로 장기화된 것을 교훈삼아 사자 커피는 복구 활동이 안정화된 8월에 본점 앞 땅속에 우물을 파서 영업용 물을 확보했다고 한다.

그런 와중에도 사자 커피는 지진의 여파가 아직 남아 있는 이바라키현에 후타고타마가와점(3월 19일), 미토역점(5월 25일), 오아라이점(7월 16일)을 잇달아 오픈했다. 미래가 불투명한 시기에 더군다나 지진의 피해가 채 가시지 않은 이바라키현에 매장을 낸 이유는 무엇일까. 스즈키 회장은 이렇게 말했다.

"미토역점은 그동안 JR미토역 남쪽 출구에 신설된 건물인 '엑셀 미나미'에 입점할 준비를 차근차근 진행해왔습니다. 공교롭게도 지진이 발생해 잠시 주춤했다가 5월 25일에 부분 개업(이후 전면 개업)한 것입니다. 사자 커피는 1973년부터 미토시에 매장을 진출할 계획을 가지고 있었는데 때마침 엑셀 미나미 측이 사자 커피에 호의적이라 순조롭게 출점할 수 있었습니다."

미토역점은 개점 이후 높은 매출을 기록하며 승승장구한 끝에 현재는 매장을 확장해 운영 중이다. 역 안에 오픈한 스타벅스보다도 손님이 더 많이 몰렸다. 미토역점이 상가의 가벼운 권유를 계기로 문을 열었다면, 오아라이점은 상가 측의 간절한 요청으로 이루어진 경우다.

"오아라이 리조트 아웃렛몰은 쓰나미의 직격탄을 맞은 오아라이 해안 근처에 있습니다. 오아라이점은 그 아웃렛몰 안에 입점했지요. 당시에는 대형 프랜차이즈 매장도 영업 재개를 포기할 만큼 암울한 상황이었습니다. 그러나 이바라키 관광협회의 간곡한 부탁을 도저히 거절할 수 없어 많은 위험 요소를 감수하면서까지 오픈했습니다. 사자 커피 전 매장이 그 당시 안정적으로 운영되고 있었기에 손해를 좀 보더라도 이바라키를 본거지로 둔 카페로서 이곳에 출점을 하기로 마음먹었지요."

오픈을 한 뒤에도 쓰나미 공포가 여전히 남아 있어 한동안 개점휴업 상태가 이어졌다. 그러나 뚝심 있게 가게를 운영하고 발전시켜 나간 결과 점점 카페를 찾는 손님이 많아졌고 얼마 뒤 인기 지점으로 발돋움했다.

한편 오아라이 리조트 아웃렛은 운영을 둘러싸고 잡음이 많아 스즈키 회장도 한동안 마음고생이 심했다고 한다.

본래 오아라이 리조트 아웃렛은 2006년에 오아라이가 임해부* 지역에 아웃렛을 유치해서 개업한 곳이다. 한때는 70개 매장이 입점하며 호황을 누렸으나 근래는 퇴거하는 임차인이 늘어나 2017년부터 대다수가 공실이 되고 말았다. 지방자치단체 의회에서 이곳의 존속 여부를 논의하기도 했는데 결국 운영 회사가 다른 회사로 소유권을 매각하고 철수해버렸다. 새 회사는 아웃렛의 이름을 '오아라이 시사이드스테이션'으로 변경하고 관광객과 지역 주민 모두가 이용하는 복합 쇼핑몰로 탈바꿈시켰다.

열악한 환경 속에서 고군분투하며 가게를 성공시켜도 임차인으로 카페를 경영하다 보면 곳곳에 예상치 못한 분쟁의 불씨가 생기기도 한다. 개인 창업을 꿈꾸는 사람이라면 오픈 후에 갖가지 문제에 휘말리지 않도록 늘 주변 상황을 살피고 지

● 공업 용지 확보를 위해 매립한 곳

HOME ROASTED
· SAZA COFFEE ·
SINCE 1969

역 주민들의 의견을 듣는 등 꼼꼼하게 사전 조사를 실시해야 한다.

35

고인물이
되지
—
말자

　　　　　　사자 커피는 2005년에 새로운 도전을
했다. 지방 이바라키현을 벗어나 도쿄에 진출한 것이다. 도쿄
JR시나가와역 안에 위치한 복합 상업 시설인 '에큐토 시나가
와'에 오픈한 것을 시작으로, 2011년에는 세타가야구에 후타
코타마가와역점도 오픈해 도쿄에 매장 두 곳을 운영 중이다.
사이타마시 JR오미야역 안에 있는 에큐토 오미야점을 합치면
이바라키를 벗어난 매장은 총 세 군데다. 그런데 이제 와서,
창업 37년째에 도쿄로 진출한 이유는 무엇일까? 스즈키 회장

은 이렇게 대답했다.

"이바라키에서는 사자 커피를 모르면 간첩이라는 얘기가 있을 정도지만 도쿄에서는 완전히 무명의 존재였지요. 때마침 상업시설 에큐토 시나가와를 운영하는 회사 측에서 먼저 요청을 해왔고 이바라키에도 수준 높은 커피점이 있다는 사실을 도쿄 사람들에게 알리고 싶은 마음에 출점을 결심했습니다. 세계적 대도시인 도쿄에 지점을 내면 그만큼 광고 효과도 탁월할 테고요. 지금도 도쿄에 오픈한 매장은 사자 커피의 인지도 향상에 크게 공헌하고 있습니다."

이는 비단 카페에만 국한된 얘기가 아니다. 그동안 무수한 기업을 취재하면서 '회사 인지도를 높이려는 목적'을 물으면 대부분 '우수한 인재를 채용하고 싶어서'라는 대답이 돌아왔다. 도쿄에 지점을 내면 수도권에 거주하는 인재들의 관심도 자연스레 높아진다.

어느 기업 경영자는 주식 상장을 결심한 이유로 "우리 직원이 어느 회사에 다니냐는 질문을 받았을 때 회사명을 알려주면 상대가 잘 아는 회사이기를 바랐다."라고 말한 적이 있다. 근무하는 회사의 인지도가 높으면 직원이 자긍심을 갖는다는 의미다.

도쿄에 진출한 또 다른 이유는 '정보 수집'이었다. 도쿄 진출을 진두지휘한 타로 부사장의 설명이다.

"도쿄에 매장을 두면 날마다 종업원에게 생생한 정보가 들어옵니다. 도쿄라는 격전지에서 주변 경쟁사의 이런저런 소식을 듣고 카페의 최신 트렌드도 파악할 수 있지요. 인터넷으로도 정보 수집은 가능하지만 눈과 혀로 전달되는 살아 있는 정보에는 미치지 못합니다. 특히 시나가와역은 도쿄와 신오사카 구간을 오가는 도카이도신칸센의 정차역이자 도쿄와 요코하마를 오가는 게이힌 급행의 정차역으로 해마다 유동 인구가 늘고 있습니다."

참고로 JR동일본이 발표한 '2016년도 지하철역별 하루 승차 인원'에 따르면 시나가와역은 37만 1,787명으로 5위를 차지했다. 신주쿠역, 이케부쿠로역, 도쿄역, 요코하마역에 이어 처음으로 시부야역을 제친 것이다. 숫자는 어디까지나 승차 인원이므로 이용객 수를 단순히 두 배로 합산해도 74만 명 이상이 역을 이용한다는 계산이 나온다. (신칸센과 게이힌 급행까지 합치면 100만 명) 참고로 사자 커피 본점에서 가장 가까운 역인 가쓰타역은 1만 381명이다.

2017년 7월 20일에 에큐토 시나가와점이 새로 오픈했을 때 그곳을 찾아가 손님 몇 명을 인터뷰했다. 취재에 응한 모든 사람들이 사자 커피를 알고 있었고 이전부터 시나가와점을 이용한 경험이 있었다. 그중 50대 여성 회사원은 가나가와현 가와사키시에 거주하면서 시나가와역을 거쳐 통근을 한다고 답했다. 그녀는 가끔 열차를 타고 본점을 찾는데 그 이유로 '음식 메뉴가 만족스럽고 멋진 풍경도 감상할 수 있기 때문'이라고 말했다.

가게를 창업해 안정적인 궤도에 오르면 금방 2호점, 3호점을 내며 매장 수를 확대하는 경우를 자주 본다. 그러나 무리한 확장이야말로 망하는 지름길이라고 지적하는 전문가가 적지 않다. 상품 관리 및 기술 습득, 직원의 접객 수준이 뒷받침되지 못하는 탓이다.

사자 커피는 이바라키라는 본고장에서 오랜 세월 동안 기본기를 탄탄히 다진 뒤에 매장을 확대한 덕분에 성공의 결실을 맺을 수 있었다.

특별
부록

사자 커피가
직접 답하다!

오래가는 가게의 비밀

답변자

스즈키 요시오

(사자 커피 회장)

Q.1 회사원인 30대 맞벌이 부부입니다. 원래부터 커피를 좋아해서 언젠가 자가 로스팅 카페를 운영하고 싶은 생각으로 공부하고 있습니다. 상호를 지을 때나 내 가게만의 개성을 만들 때 어떤 점을 염두에 둬야 할까요?

A 건물마다 카페가 들어서고 경쟁이 날로 극심해지는 상황에서 고객을 끌어들이려면 무엇보다 '차별화'가 관건입니다. 상호를 지을 때나 개성을 만들 때도 다른 카페와 얼마나 차별화가 가능한지를 고려하십시오.

가게 이름을 짓는 포인트는 세 가지입니다. 첫 번째로 '이름을 지은 이유가 무엇인가.' 두 번째로 '이름에 스토리가 담겨 있는가.' 세 번째로 '이름에 오너의 철학이 반영되어 있는가'입니다.

사자 커피는 창업 초기에 '사자끽차(且座喫茶)'라는 상호를 내걸었습니다. '앉아서 차를 즐긴다.'라는 의미입니다.

또 일본 다도의 3대 유파 중 하나인 오모토센케(表千家)

에는 '사자(且座)'라는 의식이 있습니다. 이 의식은 주인과 조수, 손님 3명 도합 5명이 다과회를 하는데 손님들은 꽃꽂이를 하거나 숯이나 향을 태우고, 주인은 진한 차를, 조수는 연한 차를 우려서 이들에게 대접하는 것을 말합니다. 저는 어찌 보면 카페의 원형이라고도 할 수 있는 이 말을 상호로 삼았지요. 낯설고 특이하다는 반응이 많았는데 그만큼 한 번 들으면 쉽게 잊히지 않는 이름입니다.

자기 가게만의 개성을 만들려면 커피든 음식이든 매장 분위기이든 간에 고유한 특색을 갈고닦으면서 손님에게 어필할 만한 스토리를 갖춰야 합니다. 훌륭한 사례를 모방하는 것부터 시작해도 좋지만 완전히 자기 것으로 뿌리내리지 않으면 손님은 금방 아류임을 알아차리고 말지요.

사자 커피에서 판매하는 카스텔라는 너무도 유명한 후쿠사야의 대표 메뉴인 나가사키 카스텔라를 본 따서 시작했습니다. 그러나 그 맛을 모방하는 데 그치지 않고 사자 커피만의 독자적인 맛을 연마해나갔지요. 그 결과 현재는 이바라키현을 대표하는 특산물로 명성을 날리고 있습니다.

Q.2 나만의 가게를 운영하고 싶지만 부동산부터 인테리어, 집기 구입까지 돈 들 일이 너무 많네요. 돈 문제는 어떻게 해결할 수 있을까요?

A 기본적으로 카페를 열 공간을 얻어야 합니다. 여기에는 임대료, 보증금, 권리금이 필요하지요. 아울러 가게 내부를 개조하는 인테리어 비용과 주방 기구, 테이블과 의자 등 집기류와 냉난방 설치비가 추가로 들어갑니다. 집에서 오픈을 하더라도 개조하는 공사비는 필요할 테지요.

당부하건대 초기 자금을 전부 쓰지 말고 여유 자금을 꼭 남겨두시기 바랍니다. 자기 자본 이외에 대출을 생각한다면 반환 계획도 구체적으로 고려해야 합니다. 금융기관에서 대출을 받으려면 민간 금융기관과 정부 지원을 알아볼 수 있습니다. 그밖에 정부는 창업자를 지원하기 위해 각 지자체에서 낮은 금리로 융자를 해주고 창업과 관련된 여러 교육을 실시하고 있습니다. 창업지원센터 및 상공회의소 등에도 개인 사업자를 위한 융자 제도가 있으니 꼼꼼히 검토해보시기 바랍니다.

개업 후 순조롭게 매상이 오르면 금상첨화겠지만 일시적인 '오픈 호황'이 끝난 뒤 닥칠 '보릿고개'에도 대비해야 합니다. 손님이 없어도 임대료와 세금 등 고정적으로 나가는 지출은 점주를 기다려주지 않습니다. 예금 잔고가 점점 줄어들어 심리적으로 궁지에 몰리면 가게 운영에도 악영향을 미치므로 위기 상황에 대비한 여유자금은 반드시 확보해 두십시오.

Q.3 컵이나 접시 등 식기를 고를 때 유의해야 할 사항을 알려주세요. 꼭 고급 식기여야 하나요?

A 식기야말로 오너의 감각을 드러내는 핵심이라고 생각합니다. 가격이 부담된다면 그릇 도매시장에 가보시길 권합니다. 특이하고 근사한 디자인이 많아서 숨은 보물을 찾아낼 수 있습니다. 요새는 소비자 의식이 변해서 단체 손님이라도 각기 다른 무늬나 빛깔의 집기를 세팅하면 호응이 더 좋습니다. 예전에는 전원이 같은 그릇으로 통일하는 게 당연했지만, 요즘은 다양한 디자인으로 적절히 섞어서 세팅하는 걸 센스 있게 여기지요.

도매시장에서도 단품으로 구입할 수 있으니 군이 세트로 구입할 필요가 없습니다. 잘 고르면 질 좋고 예쁜데다 가격까지 합리적인 제품이 많습니다. 아무리 예산이 부족하다고 해서 절대 100엔 숍 식기는 사용하지 마십시오. 탁월한 실력의 프로 요리사가 만들어도 싸구려 그릇에 담는 순간 요리의 격도 떨어집니다.

커피 컵의 경우 예전에는 두툼하고 견고한 디자인이 주류였지민 요새는 얇고 호리호리한 디자인이 인기입니다. 하지만 복고풍 느낌을 연출하려고 일부러 두툼한 디자인을 고르기도 하지요.

사자 커피는 매장에서 손잡이 없는 가사마야키 컵을 즐겨 사용합니다. 커피는 40년 전부터 85도씨 온도로 내리고 있는데 종업원이 손님에게 커피를 서빙하는 사이에 대략 65~70도씨 온도로 내려가 손님이 양손으로 컵을 만져도 뜨겁지 않습니다. 손잡이 없는 컵을 사용하기 시작한 것은 갤러리 사자 기획전에서 '무척 좋은 컵(とってもいいカップ)'을 전시한 뒤부터입니다. 무척 좋은 컵과 손잡이가 없는 컵은 발음은 같지만 뜻이 다릅니다. 이처럼 재미 있는 언어유희를 이용해 손잡이 없는 도자기 컵을 내었더니 고객의 반응이 좋아서 그 이후부터 매장에서 사용하고 있지요.

요리 세팅에 법칙이란 없습니다. 서양 요리라고 서양 그릇에 담을 필요도 없지요. 가게의 분위기와 음식을 돋보이게 해줄 식기를 센스 있게 골라보십시오.

Q.4 메뉴 구성을 간소화하면서도 손님이 메뉴를 고르는 즐거움은 남겨두고 싶습니다. 어떻게 해야 할까요?

A 메뉴 구성은 오너가 지향하는 고객층과 카페의 콘셉트에 따라 달라집니다. 일반 손님을 주요 고객층으로 삼는다면 우선 블렌드, 에스프레소, 카페라테, 카푸치노 등은 기본적으로 넣어서 다양성을 어필하는 게 좋습니다. 라테아트나 디자인 카푸치노는 각별히 공을 들이기 바랍니다. 많은 시간을 투자해 훈련하지 않으면 결코 만족스러운 결과물이 나오지 않습니다. 아마추어가 적당히 그린 듯한 어설픈 비주얼은 가게의 이미지에 악영향을 미치지요.

음료의 양도 신중히 따져봐야 합니다. 따뜻한 음료를 음식과 함께 먹는다면 최소한 200cc 양은 필요합니다. 150cc 정도로 제공하는 가게도 있는데 음식을 먹으면서 마시는 분량으로는 부족합니다. 음식과 먹는 도중에 음료를 다 마셔버리면 한 잔 더 주문하기도 그렇고 난감하겠지요. 고객의 입장에서 생각하면 답은 쉽게 나옵니다.

요리를 잘해서 마음껏 실력 발휘를 하고 싶어도 음식 메뉴를 필요 이상으로 많이 만드는 것은 그다지 추천하고 싶지 않습니다. 브레이크 타임이나 휴일에 요리 준비만으로 지쳐버리기 때문이지요.

사자 커피는 창업 이래 커피에 어울리는 빵 메뉴만 제공하고 있으며 본점에서만 예외로 스프와 빵을 세트로 제공합니다. 2017년 9월 14일에 리뉴얼한 미토케이세이점에서는 프랑스 달걀 요리인 키슈(Quiche)를 판매하기 시작했습니다. 이처럼 지역 사정에 따라 메뉴 구성은 조금씩 달라지지만 기본적으로 손님이 카페에서 어떤 음식 메뉴를 원할지 오픈 전에 충분한 검토를 거쳐 결정하십시오. 오픈 후에는 손님과 충분히 대화를 나누면서 감당할 수 있는 범위 내에서 조금씩 메뉴를 수정해나가면 됩니다.

Q.5 사자 커피처럼 장수하는 카페가 되려면 어떻게 해야 할까요?

A 가게마다 사정이 다르기에 일반화하기는 어렵겠지만 사자 커피는 이바라키현이라는 입지 덕을 많이 보았습니다.

이바라키는 히타치제작소의 기업 도시와 쓰쿠바연구학원도시가 위치한 지역입니다. 창업 당시에는 커피가 '지식인의 전유물'이라는 인식이 강했는데 이바라키에 고학력 주민들이 상당수 거주했던 까닭에 커피 수요가 높았습니다. 저는 커피를 '머리로 마시고 이야기로 마시는' 지적인 음료라고 생각합니다.

이후에 '도쿠가와 장군커피'나 '이즈라 커피'처럼 화제성 있는 상품도 개발했지만 카페의 성패를 좌우하는 것은 커피의 맛이라는 신념에는 변화가 없습니다. 양질의 물을 사용해 양질의 맛으로 승부하는 일본인에 맞는 '재팬 커피'를 만들고자 하는 목표는 여전히 진행 중입니다.

셰이크처럼 커피 이외의 음료를 개발할 때도 '일본인에

게 친숙한 맛이 기본 전제입니다. 과도한 모험은 자제하는 편이 좋습니다. 인간의 미각은 의외로 상당히 보수적인 편이니까요.

저는 사자 커피를 창업하기 전에 영화 프로듀서 일을 했었습니다. 아무리 좋은 영화를 만들어도 관객이 영화관에 와주지 않으면 무용지물이지요. 커피도 마찬가지입니다. 아무리 맛있는 커피라도 손님이 마시지 않는다면 의미가 없습니다. 사자 커피를 운영하면서 어떻게 화제를 모을 수 있을지 고심을 많이 했습니다. '손잡이 없는 컵'이나 '옥션에서 고가에 낙찰받은 커피' 등이 그 결과물이지요.

1980년대처럼 뭐든지 가능할 것만 같은 장밋빛 미래는 보이지 않지만 시대가 변해도 손님이 카페를 찾는 이유는 변하지 않습니다. 바로 '즐기기 위해서'입니다. 그것이 커피 맛이든 음식 맛이든 분위기이든 간에 말이지요. 고객과 종업원, 경영자가 모두 즐길 수 있는 가게로 만드는 것이야말로 변함없이 장수하는 비결이라고 생각합니다.

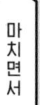

마치면서

성공하는
가게는
원칙에

집중한다

개인 가게는 오너의 취향 및 개성에 따라 무수한 스펙트럼을 지닌다. 메뉴 구성부터 인테리어, 접객 등 본사가 정한 원칙을 따라야 하는 프랜차이즈와 달리 개인 가게는 주인장의 취향을 자유롭게 표현하는 데 아무런 제약이 없다. 그것이야말로 나만의 가게가 주는 가장 큰 매력이 아닐까 싶다.

그러나 이를 '그럼 내키는 대로 운영하자.'로 해석하면 곤란

하다. 경영은 취미가 아니다. 생계가 걸린 일이다. 오래가는 가게가 되고 싶다면 결코 원칙을 소홀히 해서는 안 된다. 이때 지켜야 할 원칙은 두 가지로 나눌 수 있다.

첫 번째는 '맛'이다. 앞서 카페의 성공은 '기본 성능+부가가치'로 이루어진다고 설명한 바 있다. 다시 한 번 정리하면 기본 성능은 음식과 장소 제공이고 부가가치는 손님에게 어필하는 개성이다.

일본에서 카페의 역사는 약 130년이 넘는다. 일본 최초의 커피 전문점은 1888년에 도쿄 다이토구에 문을 연 커피차관(可否茶館)이었다. 그로부터 지금까지 일본에는 다양한 부가가치를 창출하며 개성을 뽐내는 카페가 수없이 나타나 풍요로운 카페 문화를 형성해왔다. 제2차 세계대전이 발발하기 이전에 유행하던 카페와 쇼와 시대(1955년~1975)에 전성기를 맞이한 카페 유형은 다음과 같다.

- 명곡다방: 음료를 주문하고 자신이 듣고 싶은 노래를 신청한다.

- 합창다방: 팝송, 포크송을 틀고 손님이 함께 노래를 따라 부른다.

- 재즈다방: 재즈 연주를 듣는다.

- 샹송다방: 샹송을 듣는다.

- 로커빌리다방: 로커빌리(Rockabilly, 로큰롤 음악의 초창기 스타일)

  음악을 듣는다. 로커빌리 음악의 유행과 함께 유행하면서 대다수의

  재즈다방이 로커빌리다방으로 전환했다.

- 고고다방: 손님이 고고춤을 출 수 있다.

- 미인다방: 예쁜 여성 종업원이 고객을 응대한다.

요즘은 다음과 같은 카페 유형이 인기다.

- 북카페: 책을 읽으면서 음료를 마신다.

- 메이드카페: 메이드 복장의 여성 종업원이 고객을 응대한다.

- 애견카페: 손님이 자신이 키우는 애견과 함께 입장할 수 있다.

- 고양이카페: 가게에서 키우는 고양이와 함께 놀 수 있다.

- 올빼미카페: 가게에서 키우는 올빼미를 구경할 수 있다.

예전과 현대는 사회적 배경이 다르지만 공통으로 존재하는 기본 원칙이 있다. 바로 '부가가치에만 치중하는 가게는 오래가기 어렵다.'는 사실이다. 아무리 부가가치가 매력적이라도 음식이 맛있지 않으면 처음엔 호기심으로 방문해도 웬만해서는 재방문으로 이어지지 않는다. '한 번 가봤으니 그만'인 가게가 되는 것이다.

2006년 전일본커피협회에서 조사한 자료에 따르면 소비자가 카페에 바라는 조건 1위는 남녀 모두 60%를 넘는 압도적인 비율로 '커피 맛'이었다. 십 년 이상 지난 지금 다시 조사해봐도 결과에 큰 차이는 없으리라 생각한다. 유행이란 밀물처럼 몰려왔다가 언젠가 썰물처럼 빠져나가기 마련이다. 그러나 '맛을 추구하는 정신'은 결코 유행을 타지 않는다.

두 번째는 '고객 서비스'다. 시대가 변해도 타인에 대한 예의는 변하지 않는 것처럼 가게 역시 맛과 개성이 달라도 진심이 담긴 고객 서비스는 장수하는 가게의 기본 중에 기본이다.

현대는 사회 전반적으로 격식 파괴가 진행 중이다. 많은 직장인들이 더 이상 넥타이에 양복을 입지 않고 출근한다. 일명 '쿨비즈(Cool-Biz, 여름철에 넥타이를 매지 않고 간편한 옷차림으로 근무하는 것을 뜻함)'를 회사 차원에서 권장하는 사례도 늘었다. 캐주얼한 바지에 잠바를 입고 출근하는 중년층 남성도 적지 않다. 그러나 복장 규제가 완화되었다고 찢어진 청바지에 민소매티를 입고 회사에 오는 사람은 없다. 최소한 지켜야 할 기본 원칙이라는 게 있다는 얘기다.

이를 고객 서비스에 적용해보자. 종업원이 정장 유니폼을 입고 응대하는 일은 줄었지만 단정하고 정갈한 복장으로 서비스하는 가게가 그렇지 않은 경우보다 손님의 호감을 얻는다는 사실은 분명하다. 활기차고 캐주얼한 분위기의 가게라도 최소한의 품위가 있어야 한다. 최근에는 긴 머리와 덥수룩한 수염을 고수하며 손님을 접객하는 남성 오너가 종종 눈에 띄는데 자유분방한 개성은 느껴질지 모르나 위생과 청결이라는 부분에서 이런 가게는 높은 점수를 받기 어렵다.

음식점에서 가장 중요한 세 가지 요소로 앞서 언급한 'QSC'

즉 품질, 서비스, 청결'을 상기하면 이해가 빠를 것이다(난, 개방적인 접객과 분위기가 요구되는 휴양지 리조트카페는 예외다).

사자 커피는 업계에서 이색적인 존재다. 집착에 가까울 만큼 커피 맛을 추구하고 그 결과 콜롬비아에 직영 농장까지 설립했으며 옥션에서 최고급 커피를 엄청난 고가에 낙찰받는다. 바리스타 교육에도 아낌없이 투자해 실력 있는 직원을 육성한다. 이 모든 활동이 맛있는 커피를 만들기 위해서다. 스즈키 미치코 사장은 사자 커피 직원들이 늘 깍듯한 품위를 지니고 고객을 응대하도록 세심한 주의를 기울인다.

나만의 가게를 경영하는 일을 알면 알수록 매력적인 일이다. 여전히 많은 사람들이 자신만의 가게를 꿈꾼다. 오너의 개성과 손님을 만족시키는 기본 사이에서 절묘한 균형을 유지한다면 당신도 분명 사자 커피처럼 오래도록 사랑받고 장수하는 가게를 만들 수 있으리라.

2017년 9월

다카이 나오유키

사자 커피의 역사

- 1942년 이바라키현 가쓰타정에 가쓰타다카라즈카 극장 설립
- 1947년 스즈키 토미지(스즈키 요시오 회장의 부친) 씨가 극장 대표이사로 취임
- 1969년 스즈키 요시오 씨가 극장 내부에 사자다방 오픈. 7평, 15석 규모로 커피 한잔에 120엔
- 1971년 JR 가쓰타역 앞에 지하 1층, 지상 4층의 사자빌딩 건립. 2층에 커피 전문점 '사자' 오픈. 7평 16석 규모로 커피 한잔에 130엔
- 1972년 JR 히타치역 앞에 히타치점 오픈. 10평 26석 규모로 커피 한잔에 160엔
- 1973년 미토시 이즈미정에 미토점 오픈. 39평 40석 규모로 커피 한잔에 200엔
- 1974년 요시오 씨가 중남미 커피 연수에 참가해 브라질, 콜롬비아, 페루, 아르헨티나, 멕시코를 방문. 1981년에 인도네시아, 1982년에 브라질, 콜롬비아 등 커피 산지를 시찰
- 1979년 10평 규모의 로스팅 공장을 세우고 독일제 커피 로스팅 기계 프로바트(Probat) 25kg 모델 도입
- 1985년 카쓰타상공회의소점 오픈. 20평 35석 규모로 커피 한잔에 260엔. 가쓰타다카라즈카 극장 폐점
- 1989년 가쓰타다카라즈카 극장 자리에 사자 커피 본사와 본점을 설립. 45평 52~65석 규모의 카페 공간과 30평 규모의 판매 코너, 갤러리를 오픈. 본사 옆에 커피 공장을 설립하고 프로바트 35kg 모델 도입

- 1992년   브라질 이다 농장과 과테말라 산세바스찬 농장과 계약

- 1993년   콜롬비아 마타레도나 농장과 계약

- 1998년   콜롬비아에 직영 커피 농장 설립. 멕시코 아일랜드 농장과 계약

- 2000년   이바라키현 신청사와 나가사키야(일본의 거대 슈퍼마켓 체인점) 가미미토점 안에 각각 매장 오픈

- 2002년   엘살바도르 로스나라호스 농장과 계약. 콜롬비아 글로리아스 커피와 계약

- 2005년   도쿄 첫 매장으로 에큐토 시나가와점 오픈. 미토게이세이 백화점에 미토게이세이점 오픈

- 2008년   사이타마 첫 매장으로 에큐토 오미야점 오픈

- 2011년   콜롬비아 직영 농장 설립

- 2011년   도큐후타고타마가와점, 미토역점, 오아라이점, 가쓰타역앞점 잇달아 오픈

- 2014년   재팬 브루어스컵(JBrC)에서 바리스타 히로 이세이 우승

- 2016년   재팬 바리스타 챔피온십(JBC)에서 바리스타 혼마 게이스케 준우승

- 2017년   제9회 전국 롤플레잉 콘테스트에서 Lala 가든쓰쿠바점 부지점장 다케이시 료스케 우승. 재팬 바리스타 챔피온십에서 바리스타 혼마 게이스케 2년 연속 준우승. 사자 커피 바리스타들이 각각 5위와 6위 입상

- 사자 커피 본점 위치: 이바라키현 하티치나카시 교에이정 8-18

       (茨城県 ひたちなか市 共栄町 8-18)

- 창업: 1969년
- 매장 수: 12개
- 직원 수: 약 190명
- 브랜드: 사자 커피